O QUE DEIXAMOS PARA TRÁS

O QUE DEIXAMOS PARA TRÁS

A arte sueca
do minimalismo e do desapego

MARGARETA MAGNUSSON

Tradução de Carolina Rodrigues

Copyright © Margareta Magnusson e Jane Magnusson, 2017

Título original
The Gentle Art of Swedish Death Cleaning

Preparação
Fernanda Fedrizzi

Revisão
Midori Faria
Theo Araújo

Design de capa
Thomas Colligan

Diagramação
Tanara Vieira

CIP-BRASIL. CATALOGAÇÃO NA PUBLICAÇÃO
SINDICATO NACIONAL DOS EDITORES DE LIVROS, RJ

M176q

    Magnusson, Margareta, 1934-
    O que deixamos para trás : a arte sueca do minimalismo e do desapego / Margareta Magnusson ; tradução Carolina Rodrigues. - 1. ed. - Rio de Janeiro : Intrínseca, 2023.
    128 p. ; 24 cm..

    Tradução de: The gentle art of swedish death cleaning
    ISBN 978-65-5560-660-7

    1. Minimalismo. 2. Estilo de vida. 3. Técnicas de autoajuda. I. Rodrigues, Carolina. II. Título.

23-83875   CDD: 158.1
                                 CDU: 159.947

Gabriela Faray Ferreira Lopes - Bibliotecária - CRB-7/6643

[2023]
Todos os direitos desta edição reservados à
EDITORA INTRÍNSECA LTDA.
Rua Marquês de São Vicente, 99, 6º andar
22451-041 – Gávea – Rio de Janeiro – RJ
Tel./Fax: (21) 3206-7400
www.intrinseca.com.br

Para os meus cinco filhos

"Colocar sua casa em ordem, se você conseguir, é uma das atividades mais reconfortantes que existem, e os benefícios são incalculáveis."

Leonard Cohen

Sumário

Prefácio 13

A arrumação final não é melancólica 15

Por que escrevo este livro 19

Tempo precioso e uma ajuda para os pais 21

Por onde começar 25

O que guardar e o que não guardar 28

Separar e organizar 29

Mais organização 32

Não é divertido brincar de "caça ao tesouro" – quando você mesmo escondeu o tesouro 33

Uma excelente abordagem 36

Gente feliz 39

   – Uma segunda opinião 40

Minha terceira arrumação final 41

Arrumação final por conta própria 43

Como abordar o tema da arrumação final 45

   – Os vikings conheciam o verdadeiro segredo da arrumação final? 47

Considere apenas os momentos felizes 48

O pequeno Optimist 50

Não se esqueça de si 52

   – O trabalho de uma mulher 53

Mudando-se para um espaço menor 55

Planejando o novo espaço 57

Lar 59

Algumas considerações sobre acumulação e outras coisas 61

   – Coisas 62

   – Roupas 64

   – Um lembrete sobre as roupas das crianças 67

   – Livros 68

A cozinha 71

   – Livros de receita e receitas de família 73

Coisas, coisas e mais coisas 79

Se era um segredo seu, então mantenha assim (ou como fazer arrumações finais de coisas escondidas, perigosas e secretas) 81

   – Os perigos das *man caves* 84

Presentes indesejados..................................... 87

Coleções, colecionadores e acumuladores 89

No jardim 92

Animais de estimação 95

   – A história de Klumpeduns 100

Por fim: fotografias 102

Coisas das quais você não consegue se livrar 106

A Caixa do Descarte 108

Correspondência e comunicação 110

Coisas escritas 113

Meu caderninho preto 115

A arrumação final é tanto (ou mais!) para
você quanto para as pessoas que vêm depois 117

A história da vida de alguém 120

Depois da vida 122

Agradecimentos 124

Sobre a autora 125

Prefácio

A única certeza que temos é de que um dia vamos morrer. Mas, antes disso, podemos tentar fazer quase tudo.

Você deve ter recebido este pequeno livro de um de seus filhos. Ou então foi um presente dado por alguém na mesma situação que eu e você. Ou talvez tenha comprado para si mesmo, porque chamou sua atenção de alguma forma. Há uma razão para isso. Você reuniu coisas maravilhosas durante a vida – coisas que sua família e seus amigos não podem estimar ou tomar conta.

Permita-me ajudar seus entes queridos a se lembrarem de você com afeto, e não com chateação.

M.M.

A arrumação final não é melancólica

Estou em meio a uma arrumação final, ou como falamos na Suécia: *döstädning*. *Dö* é morte, e *städning*, limpeza. Em sueco, significa livrar-se de coisas desnecessárias e fazer de seu lar um local agradável e organizado ao se dar conta de que seu tempo neste planeta está acabando.

É um assunto tão importante que precisamos conversar a respeito. Talvez eu também possa lhe dar algumas dicas, pois se trata de algo que vamos ter que encarar mais cedo ou mais tarde. E devemos de fato fazê-lo. Pouparemos um tempo precioso de nossos entes queridos depois que partirmos.

Então, o que é a arrumação final? Para mim, significa examinar todos os meus pertences e decidir como me livrar do que não quero mais. Olhe ao redor. É provável que vários de seus objetos estejam por aí há tanto tempo que você nem os veja mais ou se importe com eles.

Considero o termo *döstädning* bem novo, mas o ato não. *Döstädning* é uma palavra usada para quando você ou outra pessoa faz uma boa limpeza, completa, e se desfaz de objetos com a intenção de deixar a vida mais simples e menos tumultuada. Não tem a ver só com idade ou morte, mas, em geral, sim. Às vezes, você se dá conta de que mal consegue fechar as gavetas ou a porta do armário. Quando isso acontece, é hora de agir, mesmo que você esteja apenas na casa dos trinta. É possível chamar esse tipo de limpeza de *döstädning* também, mesmo que sua morte talvez esteja muito, muito distante.

Acho que as mulheres sempre fizeram arrumação final, mas seu trabalho poucas vezes recebeu o devido reconhecimento e deveria ser mais valorizado. No que diz respeito a essa atividade, na minha geração e nas anteriores, a tendência era de que as mulheres organizassem tudo após a morte dos maridos. Depois o faziam antes que elas mesmas partissem. Embora alguém possa dizer "organize-se *além* de você", aqui estamos lidando com a estranha situação de arrumar tudo *antes*... de morrermos.

Algumas pessoas sequer conseguem pensar que um dia vão morrer. E costumam deixar uma bagunça depois que se vão. Será que se achavam imortais?

Muitos filhos adultos não querem conversar sobre isso com seus pais. Mas acho que eles não deveriam ficar receosos. É um assunto que todos temos que abordar. Se achar o tema muito delicado, falar sobre a arrumação final pode ser uma boa maneira de tomar essa iniciativa de forma não tão direta.

Outro dia contei para um dos meus filhos que estava em meio ao processo de arrumação final e escrevendo um livro sobre o assunto. Ele perguntou se era um livro melancólico, se eu ficava triste ao escrevê-lo.

Não, não, respondi. Não é nem um pouco melancólico. Nem a arrumação nem o ato da escrita.

Às vezes me sinto um pouco mal com o quão ingrata estou sendo em relação a algumas das coisas de que quero me livrar. Parte delas me trouxe benefícios. Mas descobri que é gratificante passar algum tempo com esses objetos uma última vez e depois descartá-los. Cada item tem sua história, e relembrá-las muitas vezes é agradável. Quando eu era mais jovem, não tinha muito tempo para refletir sobre o significado de determinado objeto em minha vida ou sobre sua origem, o momento e a ocasião em que passei a possuí-lo. A diferença entre a arrumação final e uma faxina abrangente é o tempo que tomam. Arrumação final não é tirar pó ou esfregar o chão; trata-se de uma forma permanente de organização, que deixa sua vida cotidiana mais tranquila.

Quando não estou andando por Estocolmo, aproveitando tudo que a cidade tem a oferecer, consigo desfrutar de tudo que meu apartamento oferece, o que é um reflexo da minha vida.

O mundo é um lugar angustiante. Enchentes, erupções, terremotos, incêndios e guerras ocorrem sem parar. Confesso que fico um pouco deprimida ao ouvir o rádio ou ler os jornais. Acho que ficaria paralisada se não pudesse atenuar a negatividade dessas notícias acompanhada de bons amigos, em meio à natureza, ouvindo música, perto de coisas belas ou apenas curtindo algo como a simplicidade de um dia de sol (o que pode ser raro no clima nórdico).

Eu jamais iria querer escrever algo triste; já existe bastante tristeza por aí. Então, espero que você ache úteis, interessantes e, quem sabe, até um tanto bem-humorados as palavras e os pensamentos reunidos aqui.

Fazer a própria arrumação final pode ser bastante difícil. Você não vai morrer logo... mas sempre pode haver um momento oportuno. Talvez seja necessário reduzir o tamanho da sua casa, talvez esteja solteiro outra vez, quem sabe, tenha que se mudar para um asilo. Essas situações costumam nos afetar muito.

Examinar todos os seus pertences, lembrar quando os usou pela última vez e, tomara, dizer adeus a vários deles é bastante difícil para muita gente. As pessoas tendem a acumular em vez de jogar fora.

Já fui responsável pela arrumação final de tanta gente que partiu que Deus me livre precisar que alguém seja pela minha.

Toda morte cria, por si só, um cenário naturalmente caótico para quem fica. Há muitos casos lamentáveis em que irmãos disputam determinado item de um pai ou mãe falecido. Esse tipo de situação pode ser evitada se planejarmos com antecedência, diminuindo as chances de ocorrerem momentos infelizes como esse.

Tenho como exemplo um bracelete muito bonito que meu pai deu para minha mãe há muito tempo. Foi deixado para mim segundo o testamento dela. Sabe qual é a maneira mais fácil de evitar futuras confusões entre meus filhos? Vender o bracelete! Achei que essa era uma ótima ideia.

Mais tarde, ao conversar sobre isso com eles, todos concordaram com minha decisão. Cada um recebeu algo que pertencera a meu pai e a minha mãe. E, no fim das contas, o bracelete era meu e eu faria o que quisesse com ele. Perder um tempo precioso para falar com meus cinco filhos sobre um bracelete parecia um despropósito. A arrumação final é sobre poupar esse tempo.

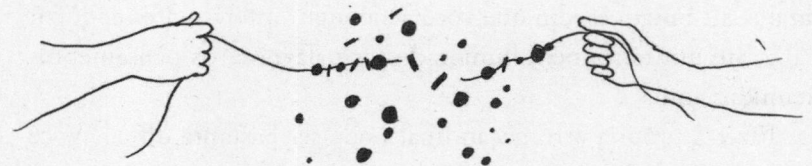

Por que escrevo este livro

No momento, estou entre os oitenta e os cem anos. Tomo como responsabilidade inerente à minha idade avançada contar sobre minhas experiências, pois creio ser importante que a filosofia do *döstädning* seja do conhecimento de todos. Não importa se são seus pais ou amigos que estão envelhecendo ou se já é tempo de você fazer a sua própria arrumação final.

Eu me mudei de casa dezessete vezes dentro da Suécia e algumas outras para o exterior, então tenho uma boa noção quanto ao que manter e ao que jogar fora, seja em uma mudança de casa, de país ou para o Além!

Embora, na maioria dos casos, a arrumação final seja realizada por uma mulher, já que, de acordo com as estatísticas, elas vivem mais do que os maridos ou parceiros, às vezes acontece como aconteceu na minha família: meu pai foi quem ficou sozinho.

Se uma pessoa vive por muitos anos em um lar onde crianças, adultos, parentes e convidados hospedavam-se e sentiam-se acolhidos, essa mesma pessoa costuma ficar muito ocupada. Por isso, nunca pensa em reduzir o número de pertences.

Dessa forma, ao longo dos anos, a quantidade aumenta e acumula com rapidez. Em um piscar de olhos, a situação foge ao controle e o peso das coisas começa a parecer exaustivo.

Essa exaustão pode surgir da noite para o dia. Quando alguém cancela uma visita no fim de semana ou um jantar, em vez de decepcionado, você se sente grato, porque está cansado demais para organizar tudo antes de receber o convidado. A questão é que você já tem muito com que lidar. É hora de mudar seu jeito de viver. Nunca é tarde demais para começar!

Tempo precioso e uma ajuda para os pais

É claro que hoje as coisas são muito diferentes do que eram nos meus tempos de juventude. Não digo que são melhores, mas o ritmo é muito acelerado. Muitas famílias jovens precisam elaborar um cronograma completo de suas vidas, nos mínimos detalhes, para conseguirem fazer o que consideram mais importante.

Nunca pense que alguém vai querer – ou poder – reservar um tempo para cuidar daquilo com o qual você mesmo não se preocupou. Não importa quanto essas pessoas amem você, ninguém deseja esse fardo.

A arrumação final cruzou meu caminho pela primeira vez quando tive que esvaziar o quarto de meus pais depois da morte da minha mãe. Meus pais foram casados por quarenta e seis anos, e meu pai não era capaz de cuidar de tudo sozinho quando se mudou para um apartamento menor. Juntos, tiramos móveis, roupas de cama, utensílios domésticos, bibelôs e quadros que tornariam o novo lar agradável e confortável.

Minha mãe fora uma mulher muito organizada, sábia e realista. Ela ficara muito tempo doente, e acredito que tenha percebido o pouco tempo que lhe restava. Por isso, ela começou a planejar o momento da arrumação que viria depois da sua morte.

Quando comecei a arrumar a casa deles, encontrei recados presos nas roupas e em muitas outras coisas: pequenas instruções escritas à mão especificando o que deveria ser feito com cada item. Algumas coisas seriam destinadas à caridade; alguns livros deveriam ser devolvidos para os donos. Um antigo traje de equitação seria doado para o Museu de História, segundo um bilhete preso com um alfinete na lapela da casaca. Havia ainda o nome da pessoa com quem eu deveria entrar em contato lá no museu.

Ainda que essas pequenas instruções não fossem especificamente para mim, foi reconfortante encontrá-las. Senti que minha mãe estava ali comigo. Ela fizera de fato uma espécie de arrumação final. Fiquei grata e vi nesse gesto um grande exemplo de como assumir a responsabilidade pelos próprios pertences a fim de facilitar a vida dos entes queridos após sua morte.

Na época em que minha mãe nos deixou, meus cinco filhos tinham entre um e onze anos, o que me deixava muito ocupada. Como meu tempo era curto, decidi contratar uma casa de leilões para retirar os objetos e vender qualquer coisa que meu pai não quisesse ou precisasse em seu novo apartamento, que era menor. Sei que um leiloeiro parece uma solução cara e um tanto requintada, mas não é. A comissão desses profissionais é deduzida dos itens vendidos, então nem eu nem meu pai tivemos que desembolsar nada. Em geral, é um serviço bem útil caso você não tenha amigos ou irmãos para ajudar. Para nós, foi a melhor solução.

Tiveram bastante trabalho lá em casa. Lembro que, assim que eles começaram, a coisa toda andou bem depressa. Tão depressa que tive que parar alguns dos carregadores que desciam pela escada antes que os objetos sumissem para sempre. Mas não me chateou ter todos aqueles pertences levados a leilão. Eu tinha que lidar com tantas questões mais urgentes e complicadas – as necessidades dos meus filhos, o estado de espírito do meu pai em relação à mudança de casa e ao luto – que não havia tempo para me preocupar muito com coisas materiais.

Eu já me certificara de que meu pai tinha o básico, como utensílios domésticos e móveis, mas o ponto principal era preservar alguns itens especiais que ele queria no novo apartamento. Mantivemos sua estimada escrivaninha (onde ele colocara um porta-retrato de minha mãe), assim como sua cadeira favorita e alguns quadros dos quais ele não quis se desfazer.

Por onde começar

Esteja ciente de que reduzir seus pertences tomará algum tempo. Pessoas mais velhas parecem pensar que o tempo voa, mas a verdade é que estamos ficando mais lentos. Então, se você está em uma idade avançada, não demore muito...

A sua nova tarefa não será cumprida mais rápido se você esperar, mas, com um pouco de prática e preparação, é bem provável que o processo decisório do descarte de itens se torne mais fácil. Pode acreditar: quanto mais tempo você passa com seus pertences, mais fácil fica decidir o que manter e o que descartar. Quanto mais se trabalha nisso, menos tempo é gasto. Você pode até descobrir um esporte bônus incrível: visitar um lixão e arremessar coisas sem valor o mais distante que puder.

Comece examinando o porão, o sótão ou os armários perto da porta da entrada. São ótimos lugares para se livrar de excessos temporários. Temporários, sim, embora seja provável que muitos dos pertences estejam guardados ali há eras. Talvez você até tenha se esquecido deles. Isso é bom, porque você perceberá que não sentirá falta de nada se jogar essas coisas fora.

Dê uma olhada nessas áreas de armazenamento e comece removendo o que está escondido. Pode ser uma casa de boneca ou um equipamento de hóquei. Fique atento às coisas que você mesmo não quer mais por perto. Às vezes, seu sótão já está tão entulhado que é necessário guardar itens no sótão de outras pessoas. Isso é péssimo! Quem vai cuidar disso quando você não estiver mais aqui?

Conte a seus familiares e amigos o que pretende fazer. Talvez eles queiram participar e até mesmo pegar itens de que você não precisa mais, e podem ajudar a mover coisas que você não consegue sozinho. Você vai ver que um fluxo constante de pessoas de quem você gosta (ou até nem gosta) vai aparecer em busca de livros, roupas e utensílios.

Quem sabe um neto ou alguém que você conheça esteja prestes a se mudar para o primeiro apartamento? Convide-os para sua casa, mostre e fale sobre seus pertences, conte histórias que eles não saibam sobre os objetos (ou, talvez, até sobre a sua vida). Durante esse tempo, enquanto vão batendo papo, tenha a postos algumas sacolas e caixas, assim as pessoas podem transportar seus novos itens.

— *Fotos e cartas* —

Não comece pelas fotos – aliás, nem por cartas ou documentos pessoais. Pode ser muito divertido, mas também um pouco triste revisitá-las. Uma coisa é certa: se começar por essa parte, sem dúvida ficará preso em recordações e talvez não consiga mais ter tempo para qualquer arrumação.

Fotos e cartas devem esperar enquanto você planeja o destino da mobília e demais pertences. Em geral, durante uma arrumação final, o tamanho de fato importa. Comece pelos itens maiores e encerre com os menores. Fotos possuem uma grande carga emocional que pode atrapalhar o trabalho, mas também são muito importantes. Por isso, destinei um capítulo específico para elas mais adiante.

O que guardar e o que não guardar

O objetivo não é descartar coisas que tornam a vida agradável e mais confortável. Mas, se você não consegue administrar todos os seus pertences, então certamente tem coisas demais.

Sinto-me confortável em um lar razoavelmente organizado. Não quero nada que seja desagradável aos olhos. Se possuo uma cadeira bonita, não vou abarrotá-la com roupa suja. Deve haver algo de errado na maneira de organizar minha casa se insisto em bagunçar tudo pelo que trabalhei tanto para decorar e manter em ordem.

Quando nos livramos dos excessos, a vida automaticamente se torna mais agradável e confortável.

Separar e organizar

Quando você olha para a sua casa, é provável que veja uma porção de objetos com apenas uma coisa em comum: todos pertencem a você. Porém, na verdade, a maior parte do que você possui tem muito mais do que isso em comum. Quase tudo em nossa casa se encaixa em diferentes categorias. Por exemplo, é possível classificá-los como mobília, roupas, livros, roupas de cama etc.

É claro que cada casa tem suas categorias. Golfistas, jardineiros, marinheiros, jogadores de futebol, todos possuem inventários diferentes. Algumas dessas categorias são mais difíceis de lidar no que diz respeito à remoção de objetos.

Escolha uma que você considere fácil de administrar. Uma categoria simples deve ser vasta e sem muito valor sentimental. É importante que a primeira escolha seja fácil. Não quero que você desista logo de primeira.

Depois de concluir algumas categorias, você vai se sentir bem. A partir de então será muito mais fácil administrar a casa. Estou certa de que sua família e seus amigos vão encorajá-lo a continuar com essas mudanças.

A categoria pela qual sempre começo são as roupas. É algo que me deixa à vontade porque eu já sei que muita coisa em meu armário tem pouco ou mesmo nenhum uso.

Ao fazer a arrumação final de outras pessoas – meus pais, meu marido ou minha sogra –, essa é a categoria inicial. Em geral, o tamanho do nosso corpo é algo tão único, tão específico, que, a menos que tenhamos algum amigo ou parente que vista exatamente o mesmo número, é melhor doar tudo.

Mas, se você estiver trabalhando no seu próprio armário, separe todas as roupas em duas pilhas (em cima da cama ou da mesa).

A pilha um é para as peças que você quer guardar.

A pilha dois é para as peças que você não quer mais.

Depois, verifique a pilha um e separe os itens que precisam de pequenos reparos ou lavagem a seco. O resto pode voltar para o armário.

A pilha dois é para jogar fora ou doar.

Vendo minhas duas pilhas, mal pude acreditar que tinha comprado tudo aquilo (acho que presentes de aniversário e de Natal aumentaram um pouco a conta). Algumas peças são muito pequenas, outras grandes demais. Se seu corpo mudou muito no último ano, sugiro que roupas que não servem mais sejam colocadas na pilha dois.

Uma vez consegui retirar do meu armário dois vestidos, cinco echarpes, um casaco e dois pares de sapatos. Uma neta pegou um dos pares, e tudo mais eu doei para a Cruz Vermelha. Foi maravilhoso!

Nossa sociedade requer, de certa forma, que tenhamos roupas específicas para diferentes ocasiões. Para o dia a dia, festas, comemorações e ocasiões tristes. Também devemos ter em mente que roupas são ferramentas de adequação às estações do ano e aos ambientes de trabalho.

Talvez você seja uma daquelas pessoas sortudas que têm o que chamam de *closet*. Se for esse o caso, você também é um desafortunado, já que tem mais roupa para arejar, lavar, cuidar... e para se desfazer mais tarde.

Quando era mais jovem, li uma matéria excelente sobre como organizar um armário que demanda pouca manutenção. Falava sobre os cuidados ao escolher uma roupa e sobre como organizar

Separar e organizar

direito todas as nossas peças. Passei o resto da vida seguindo os conselhos daquele texto. Como tudo mais em nossa casa, o guarda-roupa precisa estar organizado para que possamos encontrar algo apropriado com rapidez e facilidade sempre que necessário.

Na minha opinião, nossas peças precisam compor um bom visual geral e, dentro desse todo, devem conversar entre si e ser intercambiáveis. Tenha em mente que não é a quantidade de roupa que vestimos que nos torna elegante.

Se você precisa reduzir seu guarda-roupa, é bom tirar algumas horas para realizar o processo de forma minuciosa e identificar as peças descartáveis. Não resta dúvida, haverá as que foram compradas por impulso e as que não combinam com nenhuma outra peça – essas se destacam quando você olha seu armário como um todo. Mantenha apenas as que você acha que vai usar mesmo ou com as quais tenha um forte vínculo emocional. Às vezes, um contraste de cor e padrão em uma paleta mais neutra pode ser revigorante aos olhos e uma alegria de vestir.

Tenho um blazer que cai bem em toda e qualquer ocasião. Comprei de uma senhora em um mercado na China há muitas décadas. É feito com retalhos de vários tecidos e exibe um bordado que estampa animais fantásticos divertidos. É bem colorido e costurado com cuidado – uma roupa alegre, feita com materiais reciclados por uma pessoa criativa. Será que foi a própria senhorinha que me vendeu? Talvez. Quero guardar esse blazer porque me faz feliz e porque costumo usar na noite de Natal.

Mas este livro não é um manual de estilo... Vamos continuar a investigar, limpar, organizar e ordenar!

Mais organização

É sempre muito mais fácil fazer uma arrumação final quando a casa está bem organizada. E com "organizada" quero dizer que todas as coisas têm seu devido lugar. Quando seu lar está uma bagunça, é muito difícil limpar tudo. Mas nunca é tarde para fazer algo em relação à desorganização. Enquanto você pondera a que lugar pertence o item que tem em mãos, talvez descubra que não precisa mais dele.

Aqui onde moro existe um clube chamado Senior Net. É um lugar onde os aposentados – na verdade, qualquer pessoa com mais de cinquenta e cinco anos e habilidades limitadas em informática – recebem ajuda de aposentados mais capacitados para resolver nossas dificuldades digitais. Meu monitor não estava nem um pouco feliz com a bagunça dos meus arquivos. Ele olhou para a tela e disse: "Isso aqui é como colocar o banheiro na cozinha."

Então, ele me ajudou e organizou tudo. Eu tinha setenta e nove anos na época, mas consegui o suporte necessário e, depois disso, ficou muito mais fácil me encontrar na hora de usar o computador.

Isso também pode acontecer com você em seu lar. Você nem precisa de um computador para se dar conta disso. É apenas uma comparação útil, porque, em uma máquina dessas, tudo tem uma lógica.

Não é divertido brincar de "caça ao tesouro" quando você mesmo escondeu o tesouro

Quando meus filhos eram crianças, brincávamos de caça ao tesouro, que, em sua versão sueca, se chama *gömma nyckeln*, ou "esconda a chave". Nossa, como eu adorava essa brincadeira! Eu escondia o tesouro – uma grande chave antiga do século XVII – em algum lugar da casa e depois deixava as crianças irem procurá-la. Era como um esconde-esconde, mas sem que uma pobre criança acabasse esquecida dentro de algum armário da casa. Uma vez escondida a chave, sempre que uma das crianças se aproximava do pequeno tesouro, eu gritava: "Está quente!"
Quando estavam muito longe, eu dizia: "Está frio!"
Era muito divertido mesmo. Mas, como adulto, não é nem um pouco divertido acordar de manhã e não saber onde estão seus óculos. E não há ninguém para dizer "Está quente!" enquanto você procura. Ou seja: é hora de se organizar!
Se você mora na mesma casa há algum tempo, deveria ser fácil manter um pouco de ordem. Ainda assim, conheço famílias que vivem na mais completa bagunça. (Não mencionarei os nomes dos

meus filhos aqui, mas vocês sabem quem são.) A bagunça é uma fonte de irritação desnecessária. Até mesmo em uma família pequena, alguns membros vivem pra lá e pra cá em busca de chaves, luvas, certificados, celulares e tudo mais.

Todas essas coisas possuem algo em comum: elas ainda não têm – mas deveriam ter – um lugar específico. Determine um lugar para cada coisa e evite irritação, nervosismo e desespero ao sair de casa. Você não se verá mais diante da porta gritando "Onde estão meus óculos?". E olhe só que bônus: você se atrasará menos.

A maioria das pessoas limpa a casa uma vez por semana. Quando você usa o aspirador de pó ou o esfregão, provavelmente encontra coisas que deviam estar em outro lugar. Luvas em cima do piano, uma escova de cabelo na cozinha, um molho de chaves atrás do sofá…

Carregue uma sacola enquanto limpa a casa ou use um avental com bolso grande. Sempre que vir algo fora de lugar, guarde. Quando terminar, mostre tudo que coletou às pessoas com quem mora e peça a elas que devolvam os pertences a seu devido lugar. Alguns lares têm tantos itens espalhados que uma sacola ou um bolso de avental não dão conta do recado. Essas casas precisam de organização imediata. Sempre organizei minhas casas e limpei minha bagunça, então um avental com bolso é suficiente. Aliás, o meu é muito estiloso, com uma bela estampa de pele de leopardo. Na verdade, é um avental tão bonito que quero usar o tempo todo, até quando saio para jantar.

Em um corredor, é sempre bom contar com porta-chaves e alguns ganchos para casacos, mochilas e echarpes. Se você mora em uma casa com muitos andares, poupará tempo colocando um cesto no patamar de cada piso para coisas que precisam subir ou descer. Mas tome cuidado para não pisar neles desavisadamente.

Uma vez, há uns dez anos, saí em uma viagem de barco com alguns amigos por muitos dias. Sempre que alguém a bordo estava prestes a deixar o barco por uma hora ou mais, a porta da cabine precisava ser trancada, mas ninguém conseguia encontrar a chave depois que a destrancávamos. Com quem estava a chave? Quem ficou com ela por último? Estávamos cercados por belíssimas ilhas, mas toda aventura fora do barco começava com um mau humor que afetava a todos e sempre era causado pela caça à chave! Imagine só como um ganchinho instalado ao lado da porta da cabine poderia ter facilitado nossas vidas.

Às vezes, as menores mudanças podem causar um efeito maravilhoso. Se você esbarrar repetidamente com um problema, trate de resolvê-lo!

Afinal, um ganchinho custa muito pouco.

Uma excelente abordagem

A segunda vez em que me deparei com a arrumação final foi quando minha sogra faleceu. Ela já tinha se mudado para um apartamento muito menor e dera um jeito de se livrar da maioria das coisas que não lhe serviam mais. Seu pequeno apartamento sempre parecia lindo, e era agradável e aconchegante.

Minha sogra conhecia uma mulher que a ajudou com as coisas que ela não conseguia mais lidar sozinha. Ela chamava essa conhecida de Branca de Neve. Nunca vimos nem sombra de um anão, mas Branca de Neve também possuía muitas qualidades no que diz respeito a trabalho árduo.

Meus filhos, que na época estavam saindo de casa para dar seus primeiros passos na vida adulta, adoravam visitar a avó. Ela costumava preparar o jantar e contar sobre a época em que ela e o marido tinham vivido no Japão, muitos anos antes, quando ele trabalhava para a Swedish Match.

No auge da Grande Depressão, meu marido, nascido em 1932, e os pais tiveram que retornar para a Suécia.

Minha sogra era uma mulher muito capaz e com altas habilidades. De volta ao país natal, ela abriu uma lojinha na rua principal da cidade. Lá, vendia seda, porcelana, belíssimos trabalhos com verniz, cestas e outros itens importados do Japão. Acredito que ela foi a primeira pessoa sueca que deu uma finalidade às cestas além de armazenar roupa suja ou colher cogumelos. Ela as usava, por exemplo, para montar belos arranjos de flores, hábito bastante comum hoje em dia (você coloca um vaso ou qualquer recipiente que sirva dentro da cesta e, nele, as flores).

Logo, as mulheres da alta classe passaram a frequentar a loja, chamada Mt Fuji. Minha sogra contava muitas histórias agradáveis – e desagradáveis – sobre como era tratada por certas "damas refinadas" ao atendê-las.

Em seus últimos anos de vida, sempre que a visitávamos ou quando ela vinha nos ver, nos presenteava com belos pratos de porcelana, uma toalha de mesa bonita ou delicados guardanapos coloridos, colocando-os em nossas mãos quando estávamos de saída. E assim foi por muito tempo, antes que ela se mudasse pela última vez, para o pequeno apartamento que seria sua última morada. Aquela foi sua maneira de fazer a arrumação final: com o passar dos anos, lenta e discretamente, ela distribuiu muitos pertences de forma tranquila e gentil. Ao mesmo tempo, acrescentou beleza e utilidade às casas de seus amigos e parentes.

Na época, não percebi todo esse cuidado. É evidente que ainda havia assuntos pendentes, a despeito de sua arrumação final, mas muito menos do que deveria. Até hoje sou grata por ela ter facilitado tanto nossa vida quando faleceu.

Gente feliz

Conheço muitas pessoas que parecem felizes e em harmonia, apesar de viverem em uma casa bagunçada. Para mim, isso é quase cômico. Não consigo entendê-las.

Porém, algumas vezes fico com inveja, já que eu mesma não conseguiria ser nem um pouco feliz em um ambiente todo revirado, que parecesse saído de uma máquina de lavar.

Quando nossa gangue infantil aumentou para cinco integrantes em um intervalo de apenas dez anos, reformamos a entrada principal da casa para que lembrasse uma escola primária sueca. Cada criança tinha um cubículo com sua própria cor e um gancho para roupas. Ao chegarmos em casa, as vestimentas eram penduradas no gancho ou guardadas em pequenos armários. Os trajes de rua nunca adentravam a sala de estar. Pendurar uma jaqueta e colocar as luvas em seu devido lugar não toma muito mais tempo do que jogá-las no chão. E o melhor é que as crianças encontravam suas coisas por conta própria, sem precisar perguntar: "Mãe, você viu meu...?"

Caçar coisas perdidas é o oposto de utilizar o tempo de forma eficaz.

No caso da arrumação final, a desorganização também prejudica o uso do tempo de seus familiares. Certamente eles não ficarão felizes em ter que organizar seus assuntos por você. Sendo assim, trabalhe para manter as coisas em dia durante a vida, e a arrumação final será mais fácil para todo mundo.

— Uma segunda opinião —

Se decidir reduzir o tamanho de sua casa por conta própria, talvez seja bom falar com outra pessoa a respeito, alguém que não seja da família e não possua conexão afetiva com os itens dos quais você deseja se livrar.

Talvez seja bom ouvir conselhos ou apenas perspectivas de pessoas em situação semelhante, ou, quem sabe, de uma pessoa mais jovem. De preferência, alguém que pense diferente de você. A diferença é positiva e vai ajudá-lo a olhar para a sua tarefa, ou até mesmo para outros dilemas, de novos ângulos.

Se essas pessoas não morarem longe, peça que venham visitá-lo. Não se esqueça de escrever uma lista de todas as coisas para as quais você gostaria de um conselho. Ninguém quer ficar esperando enquanto você elabora as questões em sua mente. A seguir, algumas das perguntas que me fiz enquanto trabalhava na arrumação final:

Para qual instituição de caridade é melhor doar livros?

Este quadro não tem valor, mas é muito bonito. Será que alguém quer?

Será que posso dar ao meu neto adolescente uma espada de samurai antiga?

Não são questões demoradas ou difíceis, mas é sempre bom ouvir uma segunda opinião.

Minha terceira arrumação final

Assumi pela terceira vez o desafio da arrumação final não na casa de outra pessoa, mas na minha própria. Casada havia quarenta e oito anos, meu marido faleceu depois de uma longa doença, e durante esse tempo me esforcei para ir arrumando seus pertences. Também comecei a pensar em como organizar os meus, para quando chegasse a hora de me mudar para um espaço menor.

Quando o casamento dura muito tempo, é difícil lidar com o fato de ficar viúvo. Meu oráculo e solucionador de problemas favorito não estaria mais por perto. Ele nunca mais me faria companhia nem ajudaria a tornar a vida mais fácil. A morte é um fato terrível que acabamos encarando em diferentes situações, seja com o cônjuge ou com um amigo ou parente próximo.

Procurei me apresentar da maneira como acreditava que os outros queriam me enxergar: demonstrei que não ia desmoronar e que estava me esforçando para seguir em frente. Contudo, de certa forma, meu melhor e mais querido amigo ainda estava muito presente em nosso lar, o que tornava isso difícil. Percebi que precisava encontrar uma nova casa o quanto antes, um lugar com menos lembranças e mais fácil para uma única pessoa administrar. De preferência sem um jardim grande, sem muitas escadas ou quartos para limpar.

Eu não gostava mais, nem era capaz, de aparar a grama e tirar a neve... também não me interessava em limpar os móveis, aliás.

Não é possível adaptar em poucas horas o conteúdo de uma casa espaçosa e de um jardim amplo em um apartamento de dois quartos com sacada. Meus filhos, já adultos, pegaram roupas, livros, ferramentas e móveis, mas muitas coisas ainda precisavam ser cuidadas, separadas, mantidas ou descartadas.

O leiloeiro que contratei avaliou os itens de que eu queria me desfazer e me passou um relatório. Alguns de fato coloquei à venda. Depois, pedi a amigos e vizinhos que viessem, para ver se queriam algo. Em seguida, entrei em cada cômodo, compilei um inventário do que sobrara e fiz anotações bem objetivas a respeito do que fazer com cada item. Ao lado de um abajur, escrevi "Dar a Peter"; ao lado de um quadro, "Dar à tia Ellen"; ao lado de algo que não era a cara de nenhum conhecido, eu escrevia "Doar para a caridade".

Feito tudo isso, dediquei uma semana de limpeza a cada cômodo da casa. Desse modo, sem me apressar, senti que poderia lidar com a arrumação final por conta própria. Alguns locais, como a lavanderia, não tomariam uma semana inteira, é claro, mas assim sobraria mais tempo para outros afazeres que tornariam muito mais fácil deixar a casa e vendê-la. Depois de preparar todos os cômodos, tirei um descanso merecido.

Arrumação final por conta própria

Teria sido maravilhoso se meu marido estivesse presente para me ajudar a esvaziar nossa casa em minha terceira arrumação final. Mas não era mais possível. Ele havia partido.

Todos os meus filhos vieram para o funeral, mas a arrumação final levou quase um ano inteiro. Trabalhei sozinha e sem pressa. Lembrei-me dos comentários de meus filhos a respeito de objetos específicos que adoravam. Enquanto ia arrumando as outras coisas com as quais ninguém se importava, guardei os itens favoritos deles.

Se eu tivesse pedido a ajuda de meus filhos e seus cônjuges, com certeza teriam feito todo o possível. Mas três deles tinham filhos pequenos e trabalhavam em outros países, como Estados Unidos, África e Japão, bem longe da minha pequena casa na costa oeste da Suécia. Teria sido trabalhoso organizar uma visita de filhos e netos com toda a sua bagagem. Além disso, odeio pedir ajuda, então não pedi.

Revisitar sozinha todas as coisas que documentaram nossa vida juntos (cinquenta anos de bons momentos na maior parte do tempo, alguns maus, além de cinco filhos) fez com que eu me sentisse muito solitária. Meu marido e eu devíamos ter feito aquilo juntos, começado aos sessenta e cinco anos, talvez até antes, quando éramos mais fortes e mais saudáveis. Mas todo mundo pensa que vai viver para sempre. Até que, de repente, minha alma gêmea não estava mais aqui.

Pensando em retrospecto, acho que ter feito tudo por conta própria provavelmente foi bom e mais fácil, por incrível que pareça. Se meu marido estivesse junto, a empreitada teria nos tomado anos. Homens tendem a acumular objetos, até os menores parafusos e porcas. Eles acham, e às vezes têm razão, que qualquer coisinha será útil no futuro. Se meus filhos tivessem aparecido, tenho certeza de que iriam querer manter tudo. Tudo! Ou, no mínimo, teriam opiniões divergentes e confusas quanto ao que manter.

No meu caso, a melhor coisa foi ter feito a arrumação sozinha. Mas se, ao contrário de mim, você tiver filhos com tempo disponível, não hesite em envolvê-los no processo.

*Como abordar o tema
da arrumação final*

Quando eu era mais jovem, não era educado dizer o que se pensava aos mais velhos, inclusive aos próprios pais. Em especial, era reprovável para os jovens debater tópicos sobre os quais os mais velhos não tinham pedido opinião antes. Ser franco e honesto era visto como falta de educação.

Por essa razão, os adultos na época, ou seja, as gerações dos meus pais e avós, não faziam a menor ideia do que os jovens pensavam a respeito de qualquer assunto. Pais e filhos não se entendiam tão bem quanto poderiam. Era uma coisa verdadeiramente estúpida e lamentável; uma oportunidade perdida para que gerações diferentes se conhecessem melhor. A morte e a preparação para ela também não eram muito debatidas.

Hoje em dia, cremos que a honestidade, em geral, é mais relevante do que a polidez. Na melhor das hipóteses, recomenda-se uma combinação das duas coisas. Não acho que os jovens de agora sejam tão "sutis" e reservados quanto os da minha geração, e isso talvez seja bom para todos. A sutileza pode ser um princípio importante quando pensamos em não magoar as pessoas, mas, como mais dia, menos dia todos nós teremos que encarar a morte, talvez por isso não haja muita abertura para o assunto em discussões que deveríamos ter.

Hoje, os filhos perguntam livremente aos pais ou a qualquer outra pessoa: o que você vai fazer com todos os seus pertences quando não tiver mais força ou interesse para cuidar deles?

Muitos adultos se preocupam com os bens que os pais acumularam ao longo dos anos. Sabem que, se os pais não cuidarem desse inventário, eles é que terão que fazer isso.

Se seus pais estão envelhecendo e você não sabe como abordar o assunto, sugiro que lhes faça uma visita. Sente-se com eles e faça algumas das perguntas a seguir de forma gentil:

"Vocês têm tantas coisas legais. Já pensaram sobre o que fazer com tudo isso mais tarde?"

"Vocês gostam de ter todas essas coisas?"

"Será que a vida não ficaria mais fácil e menos cansativa sem algumas dessas coisas que vocês foram acumulando ao longo dos anos?"

"Tem alguma coisa que possamos fazer juntos, sem pressa, para não termos que lidar com isso depois?"

É comum que pessoas mais velhas tenham problemas de equilíbrio. Carpetes, livros empilhados no chão e objetos sem propósito espalhados pela casa podem ser um risco nesse sentido. Esse argumento pode ser uma boa forma de introduzir o tema. Pergunte sobre os carpetes. São mesmo seguros?

É aqui que talvez a "sutileza" ainda se mostre importante: faça essas perguntas com o máximo de gentileza e cuidado. É possível que seus pais evitem o tema ou mudem de assunto, mas é importante dar início à discussão. Se não conseguir engajá-los na conversa, deixe-os pensar e retome o assunto algumas semanas ou meses depois, talvez de uma maneira ligeiramente diferente.

O telefone também pode ser uma boa opção; quem sabe mencionar que você tem interesse em certas coisas da casa deles e perguntar se seria possível buscá-las. Talvez eles fiquem aliviados por se livrar de alguns pertences, e isso os ajude a vislumbrar a tarefa da arrumação final por conta própria, como uma promessa de diversão.

Se está com medo de parecer um tanto "rude" com seus pais e não ousa abordar o tema ou levantar questões que os façam pensar a respeito, não fique surpreso ao se ver sobrecarregado mais tarde! Uma pessoa querida deseja herdar coisas boas, mas não *todas*.

> ## — *Os vikings conheciam o verdadeiro segredo da arrumação final?* —
>
> Às vezes acho que deve ter sido muito mais fácil viver e morrer no tempo de nossos ancestrais, os vikings. Quando enterravam seus parentes, eles colocavam muitos objetos junto com o corpo. O objetivo era se certificar de que o morto não sentiria falta de nada em seu novo ambiente. Além disso, era uma forma de garantir aos membros remanescentes da família que não seriam perturbados pelos espíritos dos mortos nem constantemente lembrados por conta de seus bens espalhados por toda a tenda ou cabana de barro. Muito inteligente.
>
> Você consegue imaginar o mesmo cenário hoje? Com todo o *skräp* (lixo, em sueco) que as pessoas acumulam, as covas precisariam ter o tamanho de uma piscina olímpica!

Considere apenas os momentos felizes

Anni-Frid Lyngstad, do ABBA, cantava uma canção cuja letra dizia: "*Considere apenas os momentos felizes, e esqueça aqueles que lhe causaram tristeza...*" É muito importante arranjar tempo para momentos felizes que, mais tarde, se tornarão boas lembranças.

A Suécia possui um litoral muito vasto, e velejar é uma atividade bem popular no país. Em nossa família, costumávamos velejar e falar sobre o assunto com bastante frequência. Muitas vezes, nossos jantares se transformavam em genuínas corridas de barco a vela. Vários talheres viravam barcos em nossa imaginação. Garfos e colheres batiam uns nos outros, e o pote de mostarda se tornava a marca de curva. Era uma grande batalha para alcançar a linha de chegada entre o pimenteiro e o saleiro.

Conversávamos sobre a última corrida e ríamos de nossas limitações como marinheiros. Mais tarde, relembrando meu marido, choramos muito.

Quando eu estava me preparando para deixar minha casa, perguntei a meus filhos se queriam a mesa em que tantas dessas corridas imaginárias tinham ocorrido. Todos recusaram. Por sorte, quando eu estava prestes a doá-la, um deles comprou um apartamento novo e de repente precisou de uma mesa. E ela está lá até hoje. Fico feliz que meu filho possa relembrar essas corridas felizes à mesa e talvez crie outras memórias com sua própria família.

Ainda assim, teria sido uma boa mesa para a casa de qualquer pessoa se um parente meu não tivesse ficado com ela. Você sempre pode torcer para que alguém queira algo da sua casa, mas não dá para contar com isso sempre. Às vezes, é necessário se desfazer de coisas estimadas na esperança de que acabem com alguém que vá criar outras lembranças.

O pequeno Optimist

Alguns anos depois que nossos filhos saíram de casa, ainda guardávamos o pequeno barco de madeira que usamos para ensiná-los a velejar quando eram crianças. O barquinho não era um empecilho, e na verdade não queríamos nos livrar dele; em parte porque guardava a memória afetiva de quando velejávamos, mas também porque pensamos que seria algo divertido para o dia em que tivéssemos netos. Decidimos manter o pequeno barco conosco.

No quintal, tínhamos um celeiro vermelho típico da Suécia, com portas brancas e marco de janela. Sob o telhado, o pequeno barco encontrou abrigo para esperar por aqueles netos. Um barco de madeira é sensível ao ambiente onde está armazenado; por sorte, o celeiro não era úmido nem seco, e assim o barco aguardou pacientemente por anos, protegido.

Porém, no fim das contas, nenhum dos netos achou divertido velejar, então acabamos vendendo o barco. Ficamos tristes. Embora tenham frequentado a escola de vela, quase todos aproveitaram apenas as aulas onde aprendiam o que fazer se o barco virasse e fosse necessário sobreviver na água. Uma lição valiosa, é claro, mas eles nunca se sentiram atraídos de fato pelas aulas de vela.

O barco era de um veleiro Optimist, feito para iniciantes. Se aquele barquinho falasse, ninguém acreditaria nas histórias que ele contaria: de vitórias e derrotas, de oceanos, ilhas e golfos aonde levara seus ocupantes.

Eu me lembro, em especial, de uma viagem até a França para uma competição de vela. Levamos nossos cinco filhos e um amigo deles, além de quatro veleiros Optimist. Um encontrava-se no teto do carro, e três, no trailer atrás. Quando chegamos a Gante, na Bélgica, estava escuro e não sabíamos qual caminho pegar.

Vimos um policial em sua moto estacionado no acostamento. Meu marido parou o carro e baixou o vidro para pedir informações. O policial olhou para nosso carregamento de veleiros e para as crianças pequenas e curiosas dentro do carro. Ele soprou seu apito e, de repente, surgiram mais três policiais em motos. Com duas motos à frente e duas atrás, fomos escoltados pela cidade. Dá para imaginar como ficamos empolgados? Nada disso teria acontecido sem aquele pequeno barco (e seus amigos).

É compreensível que tenha sido difícil para nós nos desfazermos do veleiro. Mas a lição que aprendemos com isso foi a de não guardar coisas que ninguém mais parece desejar.

Não se esqueça de si

Enquanto realiza a arrumação final, não se esqueça de cuidar de sua vida no presente: de seu lar, talvez do jardim e de si mesmo.

Se decidir reduzir o tamanho de sua casa, é bom fazer isso com calma. Se possível, leve o tempo que precisar e siga em um ritmo confortável para você. Será um processo interessante, mas também cansativo, e é importante não se esgotar.

Você certamente sentirá que vale a pena quando pensar no dinheiro economizado ao realizar a tarefa por conta própria e no tempo livre para família e amigos, que não precisarão fazer o trabalho em seu lugar.

Além disso, você – assim como eu – talvez perceba quantos objetos estimados possui e descubra um desejo de oferecê-los a outras pessoas para que possam utilizá-los e cuidar deles. Contudo, não é o momento de se perder em lembranças. Não, planejar seu futuro é muito mais importante. Olhe para a frente, para uma vida muito mais simples e tranquila. Você vai amar!

Considere sua arrumação final um trabalho comum e rotineiro. E, no meio-tempo, aproveite ao máximo fazendo tudo que gosta. Passe um tempo com amigos e família, dedique-se à caridade, caminhe, jogue damas ou cartas. Um amigo meu se queixou de que não era mais divertido jogar *bridge* quando metade da mesa já havia deixado este plano. É claro que é triste. Mas também é interessante conhecer e jogar com os mais jovens, e eles valorizam sua amizade da mesma forma que valorizamos a deles. Além disso, não ficam o tempo todo falando sobre aparelhos auditivos e outros assuntos melancólicos.

É provável que você também precise usar parte de seu tempo para ir ao oftalmologista, ao dentista e ao clínico-geral para *check--ups* e mais. Essas coisas tomam tempo.

Enquanto eu fazia arrumações finais, conheci pessoas muito interessantes, divertidas e legais ao entrar em contato com leiloeiros, antiquários, brechós e instituições de caridade.

Envelhecer não é para os fracos. E é por isso que não se deve esperar muito para começar a reduzir a quantidade de pertences. Cedo ou tarde, você ficará mais debilitado e verá como é bom poder aproveitar as atividades que ainda consegue realizar sem o fardo de ter que cuidar de seu inventário e arrumar toda a sua bagunça.

Às vezes, sinto muita falta do meu jardim. Mas devo dizer que é mais fácil apreciar o de outra pessoa. (E se alguém quer aprender ou conversar sobre jardinagem, podem falar com você, afinal, você ainda sabe muito sobre o assunto.)

— *O trabalho de uma mulher* —

Às vezes me pergunto como os homens conseguem se virar quando ficam viúvos. Os da minha geração com frequência lidam muito mal com a situação, em especial se as esposas os mimaram. Mal sabem cozinhar um ovo, que dirá prender um botão. Meu marido sabia se virar com a maioria das pequenas tarefas diárias, como cozinhar ou costurar. Meu pai, que era médico, limpava como ninguém os peixes que pescava; era quase como se realizasse uma cirurgia neles. Era certo que não haveria uma única espinha no prato! Mas ele sabia cozinhá-los? Não.

Durante um bom tempo, a melhor solução para os viúvos era encontrar uma nova esposa o mais rápido possível. Alguém que lavasse e passasse e os salvasse da inanição iminente.

Acredito que a próxima geração de homens será capaz de se virar caso fiquem viúvos. Na Suécia, muitos jovens costuram e fazem tricô, outros são cozinheiros incríveis e sabem combinar sabores que encantam o paladar! E não são burros a ponto de perder tempo passando e engomando uma camisa quando pretendem usar um suéter por cima. Eles sabem que basta dar um trato na gola e nos punhos. Quando essa geração mais nova envelhecer, terão habilidades que lhes serão bastante úteis.

Suponho que a arrumação final seja um trabalho feminino por tradição. As mulheres ficam encarregadas da casa e tendem a viver mais tempo. Somos nós também que, com frequência, limpamos a bagunça de nossos filhos e maridos, então estamos acostumadas a realizar o serviço.

As mulheres da minha geração foram criadas para não serem um empecilho, para não tumultuar o ambiente com sua presença. Não é o caso dos homens, que ocupam o espaço que lhes é dado de maneira natural. Às vezes, minha filha diz que me preocupo tanto em não ser um estorvo que minha própria preocupação se torna uma chateação. Homens não pensam como eu, embora devessem. Eles também podem ser um aborrecimento.

Mudando-se para um espaço menor

Recentemente, li em um jornal dos Estados Unidos a respeito de pessoas que têm oferecido seus serviços para ajudar os mais velhos a reduzir a quantidade de pertences e a preparar o novo e menor lar da maneira que lhes convenha. Acho a ideia boa, mas, quando vi o preço que cobram, fiquei preocupada com o total dessa conta: a arrumação final, feita com cuidado e atenção, leva muitas, muitas horas.

Contratar um especialista também pode acelerar tanto o processo – já que você não quer ter que pagar muitas horas – que a pessoa não encontra a paz de espírito necessária para pensar na próxima casa e planejá-la de verdade. Não se esqueça de que você ainda pode viver muitos anos. Esse é um bom motivo para analisar seus pertences com cuidado e ponderar quais móveis, roupas, livros, quadros, abajures etc. você quer guardar.

Há muitas maneiras de fazer isso. Talvez você tenha um bom modelo em que se basear; senão, eis o método que uso para facilitar ao máximo a redução.

Dou a cada quarto ou espaço um nome que escrevo em um pedaço de papel com colunas designadas como "Dar", "Jogar fora",

"Ficar" e "Manter". Isso me ajuda a não esquecer nada quando diferentes instituições (o asilo local, a Cruz Vermelha etc.) vierem recolher as coisas.

Quando vendi minha casa, os novos proprietários quiseram comprar e manter alguns móveis. Coloquei-os na coluna "Manter" e colei etiquetas com "Manter" em vermelho em cada peça.

Um tempo depois, consegui encontrar um apartamento de dois quartos em outra cidade, mas que eu conhecia bem. Dois dos meus filhos já haviam morado lá e eu ainda tinha alguns amigos no local. Eu não planejava empacotar, carregar e fazer a mudança sozinha. Chegara a hora de solicitar orçamentos de pelo menos duas empresas de mudança, mas antes decidi que queria me preparar melhor.

Planejando o novo espaço

Antes de contratar uma empresa de mudança, fui até minha casa nova e medi cada espaço com muito cuidado. A planta de um apartamento entregue pelo corretor não costuma fornecer as medidas exatas, e é muito importante que elas sejam precisas. Imagine os carregadores subindo pela escada com uma grande cômoda que é cinco centímetros mais larga que a porta. Seria um enorme desperdício de tempo e uma situação muito desagradável para você e os carregadores.

Então, a primeira coisa que fiz foi comprar um grande bloco de folha quadriculada e desenhar a planta do apartamento. Além disso, medi todos os móveis que esperava que coubessem em meu novo e reduzido lar e os desenhei como quadrados ou retângulos em um pedaço de folha quadriculada. Nomeei todos para poder saber o que representavam e recortei cada um.

Assim, ficou fácil mobiliar minha nova casa; bastou espalhar os quadrados e retângulos de papel pelo esboço da planta. É claro que não havia espaço para todos os móveis que eu tinha recortado, mas o mais importante foi descobrir quais das coisas que eu planejava manter de fato poderiam encontrar um bom lugar.

Os itens que eu não tinha onde colocar passaram pelo mesmo procedimento dos outros de que me livrei. Perguntei primeiro aos meus filhos, depois ao leiloeiro, em seguida aos amigos e vizinhos e assim por diante.

Um dia antes da mudança, me certifiquei, pela última vez, de que todas as coisas que ficariam estavam marcadas de maneira adequada para que os carregadores não pegassem os itens que eu já decidira que não precisaria e que não tinham espaço na nova casa. Isso foi tão importante quanto mudar meu endereço e passar o hidrômetro e as contas de luz para o nome do novo proprietário.

A mudança foi fácil, uma vez que eu sabia o destino de cada coisa. Fiquei muito feliz e contente por não ter precisado pedir ajuda para mudar tudo de lugar depois de me acomodar.

Lar

Há dez anos, mudei-me da costa oeste da Suécia para Estocolmo. Tomei uma decisão acertada ao não apressar esse processo. Levei o tempo que julguei necessário para planejar minha mudança e refletir de verdade sobre o que eu esperava do meu futuro.

O edifício em que ficava o novo apartamento tinha um jardim interno adorável com muitas folhas, árvores e flores. Havia uma área externa com acomodações, um *playground* para as crianças, um bicicletário, uma garagem, um apartamento para hóspedes que poderia ser alugado por um preço módico durante certo período, uma lavanderia bem equipada e bom acesso a transporte público. É importante checar as amenidades que são importantes para você antes de comprar ou alugar um novo local para morar.

Não creio que eu vá me mudar de novo, mas, uma vez que tenho entre oitenta e cem anos neste momento, não acredito que causaria algum problema fazer um novo inventário dos meus pertences. Tenho roupas e livros demais e não preciso de dezesseis pratos quando só há lugar para seis à minha mesa. Além disso, tenho certeza de que o número de toalhas de mesa e guardanapos pode ser reduzido.

Comprei um triturador de papel pequeno e fácil de usar. Não vejo a hora de revisitar certas cartas e outros documentos que não têm mais importância – por exemplo, documentos de um negócio que meu marido e eu administrávamos, transações financeiras e bancárias e várias faturas pagas com os respectivos recibos grampeados. Se tem uma coisa que aprendi com arrumação final é que odeio grampos.

Meu marido era muito organizado, o que era bom na época, mas hoje esses grampos são um problema. Preciso remover essas coisinhas metálicas odiosas uma por uma para que não destruam meu precioso triturador. Fita adesiva teria facilitado minha vida. Tenha isso em mente quando for grampear papéis.

Algumas considerações sobre acumulação e outras coisas

Passei a vida pintando quadros. Por sorte, grande parte de ser artista demanda ser capaz de abrir mão das obras que você produziu. Vendi ou dei meus trabalhos aos poucos, conforme produzia. Quando tive que diminuir meu ritmo de vida, havia em casa uma quantidade de quadros que não me deixava satisfeita. Eu os guardara porque queria aprimorá-los em algum momento. Mas não havia espaço para eles em meu novo lar, então me livrei de tudo. Atirei ao fogo.

O fato de eu ter me livrado do trabalho artístico de uma vida talvez tenha me tornado insensível no que diz respeito a se desfazer de outras coisas também.

É incrível, e talvez um pouco estranho, como acumulamos tanta coisa ao longo da vida.

Coisas

Dispositivos novos e modernos como cafeteiras gourmet, *mixers* de alta velocidade e potes e panelas que parecem ter saído de um filme de ficção científica enchem nossas cozinhas enquanto ainda mantemos a velha cafeteira, o espanador e as frigideiras. No banheiro, aposto que você guarda os lançamentos de uma década de sombras ou todos os esmaltes da temporada passada. O armário está cheio de suplementos vitamínicos da moda que ninguém mais toma e remédios vencidos. Até mesmo toalhas de mesa e lençóis seguem a moda. Estamos sempre comprando novos, ainda que os antigos não estejam ruins.

Sentimos que a madeira escura e o bambu do estilo colonial precisam ser substituídos pelo minimalismo nórdico do puro branco, com suas linhas retas e discretas. Caso contrário, parece ser impossível viver dentro daquela casa. É uma perda de tempo, mas não configura um grande problema se nos lembrarmos de descartar as coisas do ano anterior antes de comprar itens novos.

O consumismo insano ao qual todos nós estamos sujeitos vai acabar destruindo nosso planeta, mas não precisa destruir a relação com quem quer que você vá deixar quando partir.

Quando você mora em uma cidade grande onde as pessoas parecem renovar a cozinha e o banheiro com a mesma frequência que substituem um velho suéter, deve ver grandes caçambas de lixo nas calçadas, cheias de banheiras, pias e assentos sanitários. Quando o dono seguinte quer dar seu toque pessoal ao apartamento, tudo muda outra vez, às vezes no intervalo de um ou dois anos!

Quando se tem entre oitenta e cem anos, você não conhece tanta gente da mesma idade que queira ou tenha energia para fazer reformas de grande escala ou se preocupe em dar um toque pessoal ao ambiente. É mais um benefício da arrumação final: pensar mais sobre como reutilizar, reciclar e tornar sua vida mais simples e um pouco (ou muito) menor. Viver com menos é um alívio.

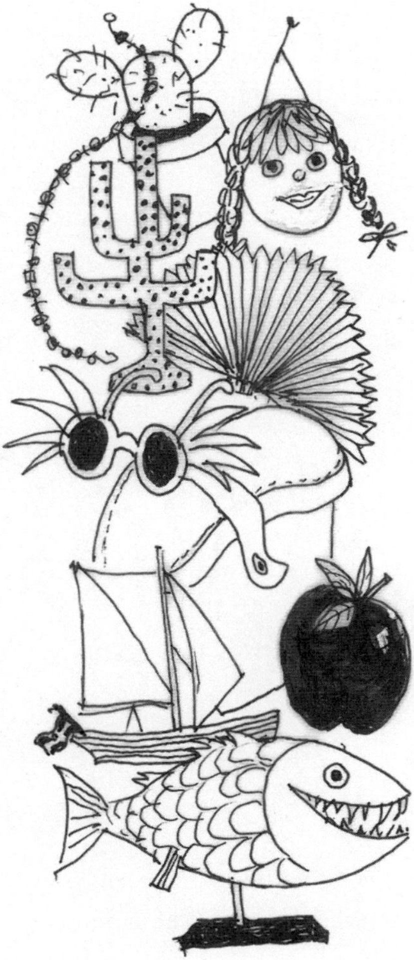

Roupas

Quando você envelhece, seu estilo de vida muda, assim como a necessidade de certas peças de roupa. Tenho certeza de que você poderá separar para vender ou doar trajes de esqui alpino, balé ou mergulho ao perceber a baixa probabilidade de voltar a usá-los.

Já esquiei de maiô em um lindo dia ensolarado de inverno. É estranho pensar que um traje de banho funcionaria nos Alpes quando botas de esqui sem dúvida não têm lugar na hora de nadar. Então, o que devemos manter? O traje de banho, é claro.

Pessoas de todas as idades gostam de comprar muitas roupas. Não por necessidade, mas porque isso nos traz uma felicidade momentânea. Nós nos sentimos melhores, mais atraentes, e amamos a ideia de que o novo traje cai tão bem em nós!

Algumas considerações sobre acumulação e outras coisas

Os homens da minha idade, no entanto, não enfrentam esse problema de roupas em excesso. As roupas que usam estão mais para um uniforme. Já os rapazes parecem mais interessados em roupas e moda. Por isso, acabam tendo os mesmos problemas que as mulheres na hora de arrumar seus armários.

Percebi que ninguém emenda mais nada, e as calças mais caras são as que já vêm com buracos e retalhos. Talvez seja hora de a nova geração aprender a costurar e consertar roupas, visto que isso ajudaria nosso planeta. Vejo brechós pipocando por todo lugar, e acho isso maravilhoso! É até chamado de "vintage" hoje em dia. Mas o que dizer quando uma convidada aparecer na sua casa usando um velho vestido seu? É, sei que preciso mesmo me acostumar com essa ideia, mas ainda não sei como lidarei com essa situação caso aconteça algum dia.

Pouco tempo atrás, estive em uma festa com pessoas jovens. Uma mulher entrou usando um vestido belíssimo. Eu a elogiei por ele, e ela se mostrou muito orgulhosa por se tratar de uma peça de segunda mão – quase como se fosse um Dior. Talvez a sociedade esteja mudando. Há esperança para o planeta, afinal!

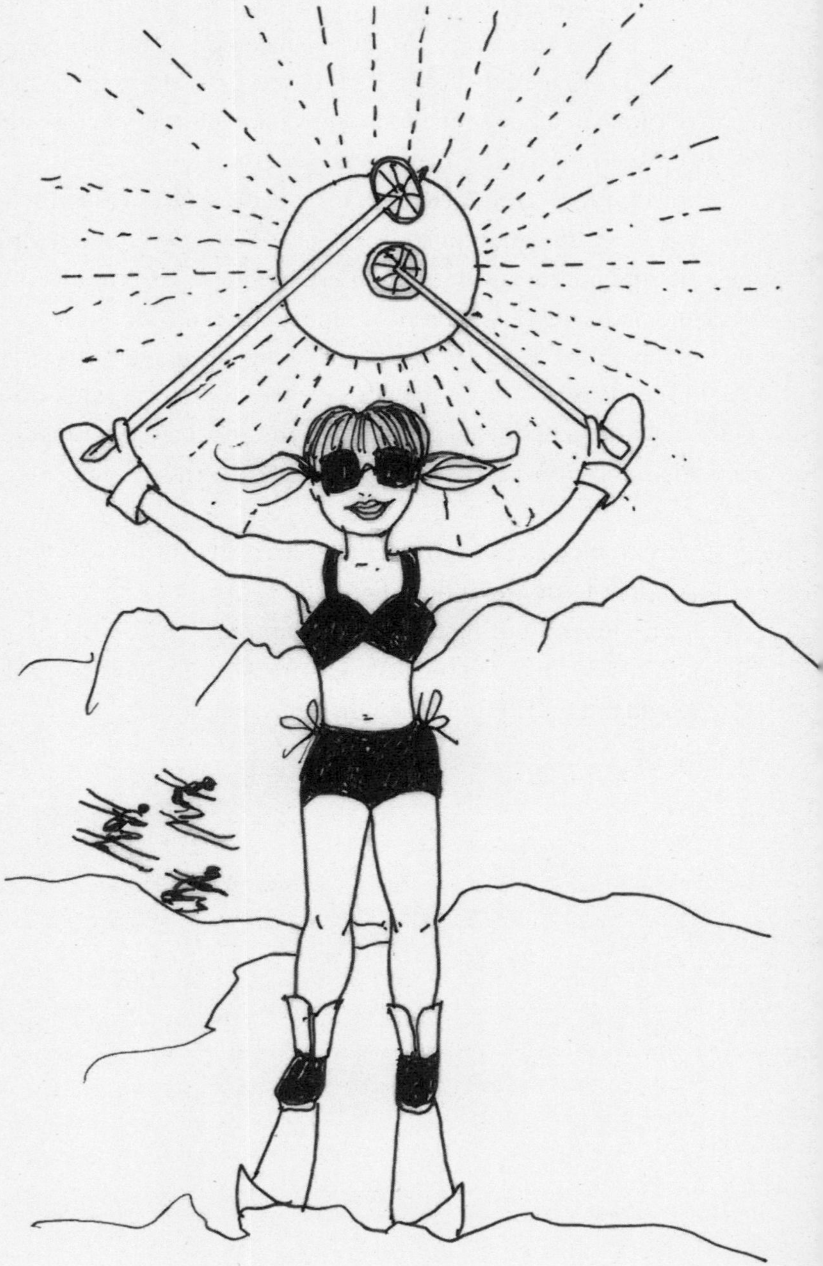

Algumas considerações sobre acumulação e outras coisas

— Um lembrete sobre as roupas das crianças —

Quando eu era criança, tínhamos uma costureira, como era costume na época. Sua tarefa era reajustar o tamanho e algumas vezes atualizar as minhas roupas e as da minha irmã. A sra. Andersson chegava cedinho para tirar nossas medidas antes de irmos para a escola. Ela trabalhava em nossa casa por alguns dias a cada estação.

Costurei muito para meus filhos e não me esqueci de todos os fundilhos de calça que remendei na época do inverno, quando eles não conseguiam encontrar alguma caixa de papelão para usar como trenó e deslizar pelo morro.

Às vezes, é muito difícil se desfazer de roupas infantis. São tão pequenas e fofas, e é divertido mostrar uma blusinha para um jovem que agora tem quase dois metros de altura e dizer: "Isso era seu."

Mais tarde, quando o jovem de dois metros se tornar pai, pode ser interessante ver o filho usando algo que ele mesmo vestiu. As roupas infantis de antigamente tinham qualidade melhor se comparadas às de hoje. Lembro que minha mãe fazia roupinhas para meus filhos quando bebês. Ela as costurava com o mesmo material suave com que são feitos os lenços e deixava todas as costuras para fora para não machucar a pele. Mantive alguns desses itens em uma caixa no sótão caso eu fosse abençoada com netos. E quando eles não vieram, desci com a caixa e lembrei meu desejo a meus filhos preguiçosos. Funcionou. Agora tenho oito netos. E nenhuma roupa de bebê guardada no sótão.

Mas se os pequenos da família não precisam delas, a melhor coisa a fazer, é claro, é doá-las para quem precisa.

Livros

Em nossa família, sempre gostamos de ler e ter livros. É uma decepção um Natal em que ninguém ganha livros.

Mas livros, em geral, são artigos difíceis de vender. Sugiro que deixe sua família e seus amigos darem uma olhada nos exemplares dos quais você pode abrir mão e levarem o que quiserem. Às vezes, há anotações nas margens, escritas por pessoas que você conhece. Pode ser difícil se desfazer desses por valores sentimentais. Sugiro que dê uma última lida no livro e nas anotações antes de passá-lo adiante. Ao comprar livros usados, muitas vezes busco volumes que contenham anotações de desconhecidos nas margens. Acho que isso dá um diferencial. Por isso, não tenha medo de passar adiante livros com anotações.

Se você tiver muitos livros de um assunto específico, por exemplo, arte, jardinagem, culinária, ciência ou, como eu, livros sobre náutica, procure alguém que se interesse em comprar o lote.

Além dos livros de ficção, a maioria das famílias suecas mantém um conjunto de enciclopédias na estante. Com a internet, não há necessidade de mantê-lo nem tenho espaço suficiente em meu novo apartamento. Por isso, quando me mudei, entrei em contato com a escola mais próxima, que ficou feliz em cuidar dos 28 (acho) volumes grandes e pesados. Fiquei tão feliz que dei a eles uma estante também.

Mantenho apenas os livros que ainda não li ou que releio constantemente. No meu caso, a maioria é sobre arte e há algumas obras de referência, como um dicionário, um dicionário de sinônimos e um atlas.

Quando eu estava fazendo a arrumação final antes de me mudar, meu maior problema com os livros eram as Bíblias. Liguei para a igreja do meu bairro, mas eles não queriam mais nenhuma, nem mesmo as antigas encadernadas em couro. Também não me deram nenhuma dica sobre o melhor destino que eu poderia dar a elas. Fi-

Algumas considerações sobre acumulação e outras coisas

quei com duas – alguém escrevera na parte de trás das capas as datas de aniversário e morte de pessoas da minha família e da de meu marido. As outras tive que jogar fora. Não sei por que me senti tão mal. Acho que aqueles exemplares tinham muito valor para pessoas que, de alguma forma, eram ligadas a mim, mesmo que eu não as tenha conhecido. Eram estimados em uma época em que livros de fato tinham valor para seus donos, muito antes de Harry Potter e outros best-sellers serem publicados.

Aqui em Estocolmo, 14 de agosto é um dia importante de venda anual de livros. Uma rua no centro da cidade é toda tomada por mesas com livros que as pessoas querem vender. É um dia fantástico para os que querem se desfazer de alguns exemplares e para aqueles que querem comprar. Se não há nada parecido com esse evento onde você mora, talvez você mesmo possa dar início a um...

A cozinha

Uma das minhas filhas tem uma placa na cozinha que diz: "Beijo melhor que cozinho!" É um aviso esclarecedor e justo para os convidados. É provável que tenham diante de si uma noite com todo o tipo de surpresas, boas e ruins. Gosto de cozinhar, embora com certeza não seja uma *chef* de renome, mas acumulei muitos utensílios de cozinha durante a vida e agora estou tentando descobrir o que fazer com eles.

Quando moramos na Ásia, comprei utensílios práticos, bonitos e diferentes de tudo que já vira. As colheres de porcelana, por exemplo, são ótimas na hora de tomar uma sopa quente, pois não queimam os lábios. Adquiri algumas conchas grandes, feitas de casca de coco, ótimas para sopas, ensopados e saladas. Também tenho um coador de chá com treliça de bambu, bonito demais para uso diário, mas muito bem-feito. Depois de mais de vinte anos, os objetos continuam intactos. Esses itens pequenos caem bem para qualquer um.

Tenho também a minha *wok* grande! Feita de uma chapa metálica bem fina, preta como carvão, é maravilhoso usá-la para fritar e cozinhar, em especial comida asiática. Uma *wok* como essa deve ser manuseada com muita delicadeza, lavada e enxugada com cuidado após cada uso e, às vezes, quando o clima está úmido, untada com um pouco de óleo para não enferrujar.

Certa vez fui convidada para um chá da tarde em Singapura. Todos tinham que ir de chapéu, era obrigatório! Eu não usava um chapéu havia mais ou menos vinte anos e não tinha nenhum. Não sabia o que fazer.

Então vi minha *wok* pendurada em um prego acima do fogão a gás. Coloquei-a na cabeça, tasquei uma orquídea decorativa na frente e amarrei-a ao queixo com uma corda tosca. Acredite se quiser, meu esforço me rendeu o primeiro lugar e recebi um belo frasco do perfume Shocking, da Schiaparelli. Uau!

Um dos meus filhos ficou contente em levar a *wok*. Ele e a família adoram cozinhar, e imagino que a comida preparada ali tenha mesmo um sabor especial. Além disso, eles têm um fogão a gás e podem usar a *wok* como se deve: direto sobre o fogo e, no caso deles, do lado de fora de casa. Saber que eles tinham todas as condições ideais para usar esse precioso utensílio tornou mais fácil para mim doá-lo. Pensar sobre o novo lar do seu objeto é algo muito importante enquanto você realiza a arrumação final. Não ofereça coisas que não são do gosto de quem vai recebê-las ou que não caibam no espaço em que a pessoa vive. Será um fardo para quem receberá, mas, com medo de magoar você ao recusar, talvez aceitem mesmo assim.

Se não está vendendo, doando ou jogando algo fora, pense muito bem na hora de decidir sobre o provável destino de cada objeto. Assim, você e o beneficiário ficarão satisfeitos. É muito gratificante saber que algo terá útil para outras pessoas.

Ao fazer a arrumação final dos utensílios de cozinha, o pessoal geralmente está diante de um de dois cenários: ou está se mudando para uma casa menor, e nesse caso precisa considerar o espaço disponível para armazenamento, ou simplesmente tem mais pratos, copos, canecas, garfos etc. do que vai usar.

Se você ainda recebe convidados, sugiro que mantenha um conjunto de pratos de acordo com a quantidade de pessoas que cabem à mesa. Isso também vale para facas, garfos, copos e taças. Se quer decorar a mesa, use flores ou guardanapos de papel alegres em vez de pratos e guardanapos de pano em todos os tons e cores.

Ainda guardo e uso alguns pratos especiais de porcelana japonesa, que um dia serão dos meus filhos. Pratos mais simples e copos de sobra foram doados.

Livros de receita e receitas de família

Quando minha cozinha era maior, eu tinha uma estante reservada para livros de receita. Hoje a internet me ajuda quando quero reproduzir alguma. Digito no Google o nome do prato e de repente sou bombardeada com diversas possibilidades, cada uma com uma imagem mais atraente que a outra. Incrível!

Atualmente, tenho apenas dois livros de receita de verdade. E com "de verdade" me refiro a livros físicos, que posso segurar, folhear e ler com atenção. Um deles foi mais ou menos feito por mim ao longo dos anos; está repleto de receitas passadas por amigos e parentes ou recortadas de jornais. Fui jogando fora a maioria delas aos poucos: as que levavam muito tempo e as de bolos e biscoitos. Não tenho mais vontade de ficar na cozinha por horas e não sou muito chegada a biscoitos, embora sejam o queridinho das crianças.

Contudo, as receitas mais preciosas permaneceram, como o bolo de carne da minha mãe, o melhor *gaffelkakor* (um tipo de biscoito amanteigado com uma marca de garfo por cima) da minha sogra, a geleia de quadril de rosa da minha antiga vizinha Andréa e mais algumas favoritas que sempre podem ser interessantes, porque são muito boas ou porque são difíceis de encontrar ou porque carregam lembranças que meus familiares podem querer evocar em suas cozinhas.

Três das receitas que guardei eu encontrei no armário da cozinha de meu pai muitos anos atrás. Foram escritas à mão com capricho pela cozinheira que trabalhou para a família quando eu era pequena. Ela era muito gentil, e lembro que me deixava sentar na cozinha e observá-la enquanto cozinhava. Costumava me dar uva-passa como um agrado, talvez para me manter quieta, mesmo que apenas por um momento. Essas três receitas são de picles, arenque frito e bife francês. Qualquer outra receita que ela seguisse estava armazenada com segurança em sua cabeça.

O segundo livro de receitas que guardei é de Singapura, onde morei por seis anos. Eu e muitos amigos reunimos receitas para um livro que publicamos e vendemos para arrecadar fundos para caridade. Meu exemplar surrado está cheio de receitas deliciosas oferecidas por muitas mulheres – e um homem – do mundo inteiro. Há *ceviche* da América do Sul, *curry* de cordeiro da Malásia, bolo da província sueca de Värmland e instruções sobre como fazer um *Singapore Sling* perfeito. (Para mim, o drinque tem um gosto como se alguém tivesse esvaziado a despensa em busca dos ingredientes, mas acho que se encaixa bem na vasta miríade de sabores contidos no livro!)

Há também biscoitos do México, pão de centeio da extinta Tchecoslováquia e muito mais. Muitos dos donos das receitas recebiam convidados com frequência e, obviamente, sentiam-se muito orgulhosos de oferecerem algo que representasse sua parte do mundo. Por isso a impressionante variedade. Folhear o livro ainda me leva a uma excursão global de sabores e a um passeio pelas lembranças de muitas pessoas fascinantes que conheci naquela época.

Quando voltamos para casa, para a província de Bohuslän, no litoral sueco, a minha parte do mundo, pensei em reunir receitas antigas que mulheres da região estimam e mantêm escondidas, coisas boas de cozinhar que levam ingredientes locais e que devem ter passado de mão em mão, talvez por gerações. Bem, não acho que tenho tempo para fazer isso, mas talvez algum leitor pegue a dica e aproveite a ideia. Agora! O tempo é crucial. Essas mulheres podem ser até mais velhas do que eu.

Achei que foi fácil me desfazer de livros de receita impressos, não importa quão úteis tenham sido. São as receitas pessoais e as histórias que eu mais quero guardar e continuar saboreando.

Minha antiga vizinha de porta em Bohuslän chamava-se Andréa. Ela era uma mulher habilidosa, viúva de um pescador, uma boa e querida amiga. Certa vez, fiz uma pintura dela que representava uma árvore de corniso florida. Lembra uma árvore de magnólia, mas é mais larga e coberta com flores densas. Forte e bela. Assim como Andréa. Ela tinha diversas receitas maravilhosas e algumas eu gostaria de compartilhar com você: geleia de quadril de rosa, xerez de beterraba e um clássico *cheesecake* ao estilo Bohuslän.

Certa tarde, Andréa me convidou para experimentar seu xerez de beterraba. Tinha uma bela tonalidade âmbar e o sabor era muito agradável, intenso e maravilhoso. Naquele dia, ela me contou sobre o

Geleia de quadril de rosa

1kg de frutos de quadril de rosa
600ml de água
150ml de vinagre branco
500g de açúcar
5 a 10 cravos-da-índia
1 pau de canela triturado

Corte os frutos ao meio e remova o miolo com uma colher pequena. Aqueça a água, o vinagre, o açúcar e os condimentos. Quando ferver, acrescente os frutos limpos e continue a ferver até que estejam macios. Coe os cravos e o pau de canela triturado. Despeje em jarras e feche as tampas. Não precisa ser resfriado.

Xerez de beterraba

4 litros de água
1kg de beterraba descascada
2kg de açúcar
250g de uva-passa
100g de levedura
2 fatias de pão de centeio ou outro tipo de pão
(exceto pão branco)

Ferva as beterrabas na água até ficarem macias. Coe a água e despeje em uma tigela. Acrescente o açúcar e as uvas-passas. Espalhe levedura nas fatias de pão como se passasse manteiga. Coloque as fatias em cima do líquido de beterraba. Cubra e deixe descansar por um mês. Mexa de vez em quando (cerca de uma vez por semana). Coe e despeje em uma garrafa. Aproveite!

Cheesecake *Bohuslän*

4 litros de leite
600ml de creme de leite
400ml de leitelho
8 a 10 ovos
50g de açúcar (opcional)

Misture todos os ingredientes em uma panela grande. Cozinhe em fogo baixo e mexa sem parar raspando o fundo com uma colher de pau. Não deixe ferver. É preciso observar a mistura com atenção. Quando se tornar granulosa, tire a panela do fogo e deixe descansar de cinco a dez minutos. Aqueça mais uma vez, mas não deixe ferver!

Com uma espátula, coloque a mistura em uma fôrma de bolo. A fôrma do *cheesecake* deve ter furinhos para escoar o excesso de líquido. Se quiser, polvilhe um pouco de açúcar entre as camadas da mistura enquanto a deposita na fôrma. Deixe descansar por cerca de quatro horas.

O *cheesecake* sem açúcar pode ser acompanhado por arenque curado ou salmão defumado. Como sobremesa, o *cheesecake* com açúcar vai muito bem com geleia de amora.

costume das viúvas de pescadores. Toda manhã, depois que seu marido falecera, ela levava as sobras do mingau e as colocava onde o barco dele costumava ficar ancorado. No mesmo instante, uma gaivota aparecia voando e comia o que Andréa tinha deixado ali. Segundo ela, a ave era o espírito dele. Penso nisso sempre que vejo uma gaivota.

Meu marido foi sepultado em um dia glorioso no início do verão. Nossas netas estavam muito sérias em seus vestidos coloridos. Os netos escalaram um muro baixo do cemitério e se equilibraram ali em cima. Alguém leu um poema de Frans G. Bengtsson, autor e poeta sueco de quem meu marido gostava muito. O poema termina dizendo que as gaivotas, enquanto voam, sabem como procurar lugares para descansar; mas o coração humano, preso à vida na terra, nunca experimentará a verdadeira paz enquanto estamos vivos.

Próximo ao túmulo de meu marido, uma gaivota passou bem devagar pelo caminho de cascalho. Não pude deixar de sorrir.

Coisas, coisas e mais coisas

Coisas belas como a escultura em madeira de um pássaro africano, estranhas como um porco magnético que canta e engraçadas como um urso que acena movido a energia solar são objetos que adoro. Levei um tempo para entender meu vício em objetos, mas também descobri que é possível apreciar todos eles sem propriamente tê-los. Embora às vezes seja bem difícil, treinar-se para aproveitar as coisas apenas olhando para elas em vez de comprá-las é muito gratificante, além de que queremos um bom hábito. Já que realmente *não dá* para levar tudo, então é melhor tentar não ter tudo.

Todos os objetos que mencionei são pequenos e fáceis de oferecer aos outros. Se for convidado para um almoço, não compre flores nem presentes para o anfitrião: dê um de seus pertences.

Às vezes fico bem entediada folheando revistas de decoração. Parece que a mobília de muitas das casas foi comprada na mesma loja! Sem cor, simples, perfeita e sem charme algum. Aquele monte de objetos lá como se fizessem parte de uma exibição ou dispostos em composições estranhas, artificiais. Fico imaginando quem vai querer tirar o pó daquilo.

Mas há muitas outras casas com muito a ensinar. Belas, práticas e com poucos móveis. Casas de fato inspiradoras, fáceis de limpar.

Ainda tento tirar algum aprendizado desses lugares. Refletindo sobre eles, me vejo repensando o meu próprio. Talvez em breve eu me desfaça de mais algumas coisas!

Se era um segredo seu, então mantenha assim (ou como fazer arrumações finais de coisas escondidas, perigosas e secretas)

Algumas coisas preocupavam meu pai no que dizia respeito à sua mudança de casa. Uma delas era a questão dos históricos dos pacientes, que ele mantinha em seu escritório. Era um conteúdo que, logicamente, precisava ser descartado de maneira segura. Mas, como tudo isso foi antes da era digital, meu pai os escrevera à mão ou com sua pequena máquina de escrever Remington. Foi fácil se livrar sem deixar rastros: queimamos a papelada toda dentro de um barril em nossa casa de campo.

Outra preocupação consistia em um pacote que ficava guardado bem no fundo de sua gaveta na escrivaninha. Dentro dele havia uma quantidade enorme de arsênico! O veneno permanecera ali por quase trinta anos, desde o tempo em que nos preocupávamos com uma possível invasão do exército alemão. É difícil entender por que meu pai manteve aquilo por tanto tempo. Talvez tenha apenas se esquecido ou talvez pensasse que não faria mal ter um pouquinho de veneno disponível. O farmacêutico pareceu um pouco confuso quando lhe entreguei o arsênico, mas aceitou mesmo assim.

Enquanto organizava a casa dos meus pais, uma coisa me deixou intrigada. Minha mãe tinha uma cômoda imensa para roupas de cama. Toalhas e guardanapos recém-dobrados ficavam na base das pilhas para que a rotação dos itens fosse feita por igual. Bem no fundo, por trás de fronhas com borda de babados, encontrei vestígios daquele que fora seu grande vício: diversos maços de cigarro.

O que são vícios? Bem, a meu ver são aqueles hábitos que não nos fazem bem. Tornamo-nos dependentes de nossos celulares, jogos e muitas outras coisas que – ao contrário de maços de cigarro – não são reveladas depois que morremos.

Mas há armários repletos de garrafas vazias de gim e uísque consumidas em segredo. E as pessoas adoram fofocar sobre o estilo de vida daqueles que se foram.

Talvez o vovô tivesse roupas íntimas de outras mulheres em sua gaveta e talvez vovó guardasse um vibrador na dela. Mas de que importa isso agora? Eles não estão mais entre nós; se gostamos de verdade dessas pessoas, nada disso deveria ser da nossa conta. Contanto que não façam mal a ninguém, todos nós podemos ter as preferências que quisermos.

Mas talvez adiantarmos um pouquinho nossa própria limpeza – reduzindo certos tipos de pertences antes de deixarmos esta vida – seja uma forma carinhosa de presentear os entes queridos que farão nossa arrumação final.

Por isso, guarde seu vibrador favorito, mas jogue fora os outros quinze!

Não faz sentido manter coisas que vão chocar ou chatear sua família depois que você se for.

Talvez você tenha guardado cartas, documentos ou diários que preservaram informações ou histórias com os quais você jamais gostaria de constranger seus familiares. O mundo de hoje parece chancelar a ideia de que todos têm o direito de guardar segredos, mas não concordo. Se você acha que seus segredos vão envergonhar ou trazer infelicidade a seus familiares, certifique-se de destruí-los. Faça uma fogueira ou alimente o faminto triturador de papel.

— Os perigos das man caves —

Outro espaço que parecia que consumiria muito tempo para ser vasculhado era o galpão de ferramentas do meu marido. Quando se mora em uma casa, é muito conveniente ter sob o mesmo teto alguém que seja um misto de carpinteiro, pintor, encanador e faz-tudo.

É mais conveniente ainda se você não morar numa grande cidade, onde todos esses profissionais parecem fixar seus negócios. Pode sair bem caro ter que ligar para a assistência técnica o tempo todo se você vive em um lugar fora de rota, como foi nosso caso por muitos anos.

Bicicletas, barcos, a parafernália de jardinagem, tudo isso demanda várias ferramentas e reparos para manter em funcionamento. Há infinitas razões para justificar a compra de novas ferramentas, mas os homens – ao menos os da minha geração e os da anterior – parecem dar pulinhos de alegria diante de qualquer oportunidade de visitar uma loja de equipamentos!

Mas, sejamos honestos, até mesmo quem mora em apartamentos costuma ter ferramentas em excesso. Um dos meus filhos, que mora em um pequeno apartamento alugado na cidade, tem um armário repleto de porcas esquisitas, parafusos de vários tipos, pregos entortados e acessórios que ele acha que pode precisar um dia. E não abre o armário há anos.

Depois que todos os nossos filhos (chamados de *lådbil* na Suécia porque também gostavam de acumular ferramentas para construir coisas como cabanas, jangadas e carrinhos de rolimã) saíram de casa, meu marido continuou a organizar e examinar suas diversas ferramentas todos os dias.

Seu *snickarbod* (galpão de ferramentas, em sueco) aos poucos se tornou o que hoje as pessoas chamam de *man cave* (caverna do homem). Em sueco, às vezes chamamos esses locais de *mansdagis* – literalmente, creche do homem. Acho graça do quão apropriada essa palavra soa.

Já reparou que muitas pessoas sentem mais prazer em organizar seus pertences do que de fato usá-los? Admiro muito esse espírito de organização.

Ao investigar o *snickarbod* do meu marido, vi que tudo estava lindamente em ordem: cinzel, nível, furadeiras, alicates, serras de aço e diversos parafusos e pregos! Bombas de ar, válvulas de borracha, óleos especiais para bicicletas. Soa quase erótico! O cortador de grama precisava de óleos especiais e rebolos, e o barco demandava todo o tipo de lixa, pintura e outros equipamentos. Todas essas coisas foram organizadas por meu marido de forma gentil e cuidadosa.

Havia algumas caixas cujo conteúdo estava mais desleixado, mas a maioria das ferramentas estava pendurada na parede, que tinha contornos desenhados para definir o lugar de cada uma. Era como um lembrete, caso alguém pegasse algo emprestado e não devolvesse. Meu marido era um mestre da organização.

Se por acaso eu quisesse me tornar uma artesã, o galpão de ferramentas de meu marido teria sido uma inspiração. Eu poderia fazer esculturas em pedra, metal, concreto; construir projetos de madeira; conectar mecanismos para alguma invenção incomum. Absolutamente todo o necessário para construir coisas estava ali, com as respectivas garantias e instruções lindamente organizadas em fichários.

Mas aquelas não eram minhas ambições nem a maneira como eu imaginara passar meu tempo. Em vez disso, peguei um martelo, alguns alicates, uma seleção de chaves de fenda e uma fita métrica para reparos menores e ajustes que pensei que pudesse realizar sozinha. Pendurar quadros, prateleiras e instalar ganchos para toalhas ou roupas não é tão difícil quando se tem as ferramentas certas, mesmo que você seja idoso. Meus filhos levaram algumas das outras ferramentas, e seus amigos ficaram felizes em pegar o resto, já que é uma coisa relativamente cara na Suécia.

Descobri que era bem eficiente convidar jovens rapazes para escolher itens por si mesmos. Todos estavam começando a montar suas *man caves*, e o *snickarbod* de meu marido esvaziou em um piscar de olhos.

No fim das contas, a tarefa toda foi bem fácil, tanto na parte prática quanto na sentimental. A não ser pelo fato de que haviam pertencido a meu marido, eu não tinha qualquer conexão com aqueles objetos. Eu tinha muitas outras coisas dele com as quais sentia um vínculo emocional. Em momento nenhum a arrumação foi interrompida por alguma lembrança. Mas acho que se um homem desse início à arrumação final de um galpão de ferramentas... bem, talvez o processo levasse anos e acho que não tenho muito a oferecer que possa ser útil.

Presentes indesejados

Se seus pais ou qualquer outra pessoa lhe oferecer algo que você não queira, seja honesto e diga: "Não, obrigado, não tenho onde colocar isso." Transferir objetos indesejados para outra casa onde eles também são indesejados não é uma boa solução para ninguém.

Ou você pode fazer o que eu faço sempre que ganho algo de que não gosto: deixo o objeto meio escondido e só coloco à vista quando a pessoa que me deu vem me visitar. Depois de um tempo, quando enjoo definitivamente do objeto, eu o doo para caridade ou para alguém que possa gostar mais dele do que eu. Mas preciso dizer que algumas dessas coisas das quais eu a princípio não gostava acabaram adquirindo importância. Nossos gostos podem mudar e amadurecer com o tempo.

Conheço gente que mantém o que chamamos de *fulskåp* na Suécia – um armário da feiura. Um *fulskåp* é onde guardamos todos aqueles presentes que não suportamos olhar e que não podemos passar adiante. Em geral, eles vêm de tias e tios distantes e são colocados à mostra quando quem presenteou faz uma visita.

Sempre que dou um presente, tenho em mente que a pessoa que o recebe não ficará com ele para sempre. Mas me pergunto: será que tem gente que controla tudo o que já deu de presente? Eu certamente não sou uma delas. Coisas quebram. Nem mesmo uma boa pipoqueira funcionará para sempre. Nunca vou me sentir culpada por não guardar presentes eternamente. Sentir-se grato e feliz ao ganhá-lo é algo diferente, porque a gratidão não tem a ver com o presente em si, mas com quem presenteou.

Coleções, colecionadores e acumuladores

Estamos sempre acumulando coisas, não é mesmo? Lenha para o fogo, grãos e raízes para comer... mas fazer isso só por diversão é algo bem diferente. Eu gostava de catar conchas em uma praia na costa oeste da Suécia, onde nasci. Ainda tenho algumas em uma tigela, junto com algumas coletadas em outros lugares. Bonitas de olhar, agradáveis de segurar. Quando eu era criança, colecionava broches, tampinhas de garrafa, caixas de fósforo e imagens de jogadores de futebol e estrelas de cinema. Além disso, me lembro de colecionar os lindos lencinhos onde as laranjas vinham embrulhadas quando voltaram a ser importadas depois da guerra, na década de 1940. Ficamos sem ver laranjas e bananas por muitos, muitos anos.

Também juntamos marcadores de livros que trocávamos com colegas da escola e outras crianças nos intervalos das aulas. Eu tinha um marcador bem grande e lindo que ofereci a um menino da minha turma em troca de um beijo. Acho que estava tentando impressionar minha melhor amiga, que era quatro anos mais velha e vivia se gabando do tanto de meninos que já tinha beijado. Mas, como meu pretenso beijoqueiro nunca me beijou, acabei ficando com meu adorável marcador, e acho que essa opção me deixou bem mais feliz.

Com o tempo, o colecionismo foi ficando mais sério. A filatelia, por exemplo, se tornou um hobby bastante lucrativo e instrutivo para aqueles que se empenharam.

Anos atrás tive um vizinho interessante, que guardava todo tipo de coisa no porão da casa de campo. Pneus furados, trenó, cercadinho para crianças, entre outras coisas. Com o passar dos anos, o espaço se encheu. Quando descobriu que havia uma segunda porta nos fundos do porão, a esposa dele passou a retirar algumas coisas de vez em quando para jogar fora. Ou seja, sempre que meu vizinho queria espremer mais coisas lá dentro, conseguia.

No último verão, conheci uma senhora durante uma ida ao brechó. Ela e o marido estavam de mudança e, quando ela remexeu nas gavetas da cozinha, percebeu que, entre outras coisas, tinha doze cortadores de queijo. Ela não era uma colecionadora, apenas um pouco descuidada. Outra vez, li sobre um rapaz que juntava embalagens de ovos. Esse, sim, era um colecionador de verdade; possuía mil embalagens de diferentes fábricas em todo o mundo. Incrível!

Tive uma babá muito amada que colecionava xícaras de café com pires. Ela se casou com um pastor luterano e adorava usar itens de sua coleção após a missa de domingo em sua paróquia. Às vezes, coleções vastas podem ser úteis, mas, em outros casos, tornam-se um fardo para você e, mais tarde, para sua família.

Se você tem uma coleção que não é do interesse de nenhum parente ou amigo, creio que a melhor maneira de se desfazer dela é entrando em contato com uma casa de leilão e pedir uma avaliação. Ou, em todo caso, sempre é possível encontrar algum comprador na internet. Toda coleção pode ser interessante para alguém. Na hora de se livrar das suas, considere também os museus. Não são eles o destino de colecionadores engenhosos?

Um colecionador de verdade gosta de categorias específicas de objetos, possui um bom catálogo de seus itens e está sempre em busca do que falta para completar sua coleção.

Mas pessoas que simplesmente acumulam objetos e papéis sem sentido ou propósito talvez sejam aquilo que, nos últimos tempos, passamos a chamar de acumuladores. Pessoas assim podem acumular tanta coisa em casa que se torna impossível entrar. Em muitos casos, esse tipo de comportamento é um problema sério. Infelizmente, não entendo muito a respeito, mas sei que é algo que pode ser tratado com ajuda de especialistas na área de saúde mental.

No jardim

A maioria das pessoas tem um hobby, algo de que gostam de fazer todos os dias. Com sorte, somos afortunados o bastante para realizá-lo como trabalho; caso contrário, podemos pelo menos aproveitá-lo nos momentos de folga.

Eu adorava o jardim que tinha em minha antiga casa. Era uma alegria estar no meio de todo aquele verde. Eu passava horas ocupada com a poda, além de remover ervas daninhas, replantar ou apenas contemplar alguma linda flor que tivesse acabado de brotar. Um jardim está sempre repleto de aventura e expectativa.

Mais para o fim do verão, eu enchia uma tigela com framboesas, colhia um tomate ou um pepino – que oferecia *in natura* para os meus netos. Esse momentos de júbilo infelizmente desaparecem quando nos mudamos para apartamentos.

Quando eu ainda era dona de um jardim, precisava administrar muitas ferramentas. Mantinha todos os meus ancinhos e pás em um barracão. Como me mudei para um lugar sem jardim, deixei as ferramentas do barracão para os novos proprietários da casa. Eles ficaram felizes por herdar um equipamento tão bom, e eu mais ainda por poder doá-lo a pessoas que estavam ansiosas para manter meu jardim lindo e vivo.

No jardim

Se você tem a sorte de possuir uma sacada ou até mesmo jardineiras de janela ou um parapeito ensolarado, ainda pode cultivar algumas plantas perenes. Tenho uma hera e algumas madressilvas que sobrevivem ano após ano em seus vasos, sem nenhuma cobertura, nem mesmo nesse clima nórdico congelante, em que só tivemos algumas preciosas horas de luz solar direta no último novembro. Toda primavera, quando não há mais risco de geada noturna, acrescento algumas flores de verão, como petúnias, miosótis ou violetas, e ervas como manjericão, tomilho, cebolinha e salsinha ao meu pequeno jardim de sacada.

Temos um grupo de jardinagem aqui no edifício e cuidamos das plantas do pátio. Qualquer pessoa interessada em jardinagem pode ter um espacinho ali.

Além das cercas vivas e alguns arbustos de flores, há cerejeiras que florescem lindamente durante a primavera e mais tarde nos oferecem seus frutos doces. Também cultivamos plantas perenes que estão sempre com alguns brotos. Há ruibarbo e algumas ervas e temperos como sálvia, tomilho, alecrim, cebolinha e erva-cidreira. Qualquer um do grupo de jardinagem ou do prédio pode recolher um pouco para cozinhar ou aromatizar a casa.

A melhor coisa nesse tipo de cooperativa de jardinagem é que todo ano entram novos membros. Portanto, se em um dia você não está com disposição para trabalhar no pátio, outra pessoa cuida das plantas e você não precisa se sentir culpado. Dá para ser melhor que isso?

Quando penso em tudo que cresce e em tudo que cortamos, rasgamos, quebramos e até mesmo enterramos para nos livrar, é bom que todo esse lixo não volte maior e com mais força no ano seguinte, como fazem algumas plantas e ervas.

Animais de estimação

E o que você faz com seus animais de estimação quando se muda de casa ou até mesmo de país? Ou quando planeja o futuro? Camundongos, porquinhos-da-índia, hamsters, gatos, cachorros, pássaros e peixes são animais que mantivemos em nossa família ao longo dos anos. Parece um zoológico, mas não criamos todos ao mesmo tempo.

Aos oito anos, um dos meus filhos tinha um hamster chamado Hampus. Certa noite, recebemos a vovó para o jantar e eu havia colocado um imenso arranjo de flores bem no meio da mesa para alegrar o ambiente. Assim que a refeição acabou, meu filho tirou Hampus da gaiola e o colocou em cima da mesa.

Hampus chegou pertinho das flores com cuidado, farejou-as e então começou a comê-las. Logo depois e muito de repente, o bichinho sofreu um espasmo violento, caiu de costas e ficou ali, imóvel. Morto.

É evidente que isso causou muita tristeza. Meu filho soluçava, olhava para a avó e dizia: "Quando você morrer, vovó, vou ficar tão triste quanto agora que Hampus morreu." Ela, por ser uma senhora muito sábia, entendeu que a declaração um tanto quanto chocante era, na verdade, uma honra. Ela o acolheu em seu colo e deixou que ele ficasse ali a noite toda, confortando-o.

Quando nos mudamos dos Estados Unidos de volta para a Suécia em meados dos anos 1970, tivemos que deixar para trás dois cães com duas famílias diferentes. Na época, havia uma quarentena de quatro meses para animais que entrassem na Suécia oriundos dos Estados Unidos. A quarentena é um lugar frio e solitário, algo que não desejávamos para nossos pequenos amigos.

Pensamos bastante sobre como um cachorrinho se sentiria sendo retirado do ambiente em que cresceu e com o qual estava habituado e introduzido em outra realidade. Queríamos encontrar um local seguro. Entrei em contato com um abrigo que criava norfolk terriers. Não ficava longe da nossa casa e quem administrava o local era uma senhora de meia-idade, que disse que ficaria feliz em nos receber.

O abrigo era bem conservado, limpo e cheio de cachorrinhos felizes de diferentes idades. Sabendo quanto estávamos preocupados com a ideia de deixar Duffy com uma nova família, a administradora nos conduziu em uma visita pelo local e nos fez conhecer muitos cães. Depois, nos sentamos para conversar.

Naquele momento, um cachorrinho se aproximou e sentou-se bem perto do meu filho. A mulher riu e disse: "Viu só? Ele nem conhece você, e ainda assim iria embora feliz para a sua casa!" Respiramos aliviados e ficamos felizes por ter ido até lá.

Uma secretária do escritório em que meu marido trabalhava cuidou do pequeno norfolk terrier por um tempo, e ele acabou indo para um bom lar, com muito amor. Até recebi uma carta reconfortante da nova tutora de Duffy, que me contou que estava tudo bem com ele.

Em geral, abrigos possuem o contato de pessoas que estão na fila para comprar um filhote ou um cachorro mais velho. Nosso basset hound também encontrou um bom lar por meio do abrigo. Que cachorro legal, engraçado e louco ele era. Adorava se deitar nos canteiros de flores bonitos e bem-cuidados da vizinhança e roubar sanduíches e outras guloseimas se tivesse a oportunidade. Soube que ele viveu bem com sua nova família, mas me pergunto o que terá sido do jardim deles.

Uma vez que nos acostumamos a ter animais, a vida fica muito vazia sem eles. Certa vez, em Singapura, um dos meus filhos e eu saímos para ir à Sociedade para Prevenção da Crueldade contra Animais, onde vários animais abandonados eram assistidos por uma equipe em tempo integral.

Quando voltamos para casa naquela tarde, carregávamos um novo membro da família: Taxes, um dogue alemão grande, marrom-areia, velho e um tanto cansado. Taxes logo encontrou seu lar em um cobertor grosso em nosso terraço. Ele dormia bastante, na maior parte do tempo seu sono era bem pesado, e, embora parecesse um pouco assustador, era tão bonzinho que uma vez, enquanto estávamos viajando, deixou ladrões entrarem em casa sem reclamar.

Taxes era velho e ostentava uma barba grisalha; também tinha reumatismo e se alimentava à base de uma dieta vegetariana de arroz integral misturado com ovo e legumes cozidos. A combinação era tão saborosa que diversas vezes peguei meus filhos adolescentes comendo a comida do cachorro quando chegavam da escola.

Apesar dos humanos que disputavam sua comida, Taxes recebia uma grande cumbuca da delícia vegetariana toda tarde na varanda. Em cada refeição, duas gralhas-de-nuca-cinzenta grandes se empoleiravam no parapeito para observá-lo. Ficavam em silêncio, piscavam e assentiam. Assim que ele terminava de comer e se dirigia até seu cobertor para fazer a digestão, as gralhas desciam voando, pousavam com suavidade e comiam as sobras. Todo dia! Era muito bonitinho.

Ter um cachorro é muito gratificante, mas também uma tremenda responsabilidade. Se você ficar doente ou precisar se mudar e não puder tomar conta do seu amiguinho por um tempo ou de forma permanente, certifique-se de que ele seja muito bem-cuidado por outras pessoas. A maioria dos cachorrinhos é sociável e interage com desconhecidos com facilidade. Seu cachorro certamente saberá aproveitar a vida sem você.

Mas com nosso Taxes a história foi um pouco diferente, por conta da idade avançada e da saúde debilitada. Quando tivemos que voltar para a Suécia de vez, eu não sabia o que fazer. Não conseguia imaginar a possibilidade de abandonar meu amigo à própria sorte. Taxes era sensível demais para recomeçar em um novo país e muito velho para que eu encontrasse uma família que ficasse com ele. Eu não achava que ele conseguiria sobreviver aos quatro meses da fria quarentena para levá-lo à Suécia.

Por fim, consultei nosso veterinário e tomei a única decisão possível para mim. Depois que aplicaram a injeção, Taxes afundou silenciosa e pesadamente em meus braços. Foi muito doloroso passar por aquele momento, mas era a única opção que eu enxergava.

Deixar coisas, pessoas e animais irem embora quando não há alternativa é uma lição que, para mim, tem sido bem difícil de aprender, e é algo que a vida, à medida que passa, vem me ensinando cada vez mais.

Se eu tivesse um animal de estimação, na idade avançada em que estou, gostaria que ele fosse velho também. Sou desatenta demais para cuidar de um filhote e também não posso fazer as longas caminhadas de que um cachorrinho dessa idade precisa. Se eu fosse adotar um novo animalzinho – coisa na qual às vezes penso –, iria a um abrigo e perguntaria por algum cachorrinho velho e cansado. É uma boa solução para quem perdeu um bichinho, por exemplo.

Mas é bom conversar com a família e os vizinhos antes de adotar um velhinho preguiçoso. Se o cachorro viver mais do que você, então talvez você esteja criando um problema para quem está ao redor. Essas pessoas estariam dispostas a tomar conta do bichinho quando você não puder mais? Se a resposta for não, é melhor repensar.

— *A história de Klumpeduns* —

"Ora, este livro é sobre animais?", você deve estar se perguntando. Não, não é. Se fosse, eu teria que contar todas as histórias malucas envolvendo nosso peixe, nossos diversos pássaros e todos os nossos adoráveis gatos: Mien, Little Cat, Little Fur, Shreds. Mas há um gato específico sobre o qual preciso falar: Klumpeduns (que, em sueco, significa "pessoa desajeitada").

Certo dia, um grande gato alaranjado apareceu em nossa casa. Meu marido nunca tivera nada contra gatos, mas também nada a favor. No entanto, aquele gato adotou meu marido na mesma hora e vivia atrás dele. Demos o nome de Klumpeduns porque ele – ao contrário da maioria dos gatos – vivia esbarrando nos objetos, quebrando coisas, errando o cálculo dos saltos ou simplesmente caindo da cadeira onde estava sentado.

Toda noite, durante o programa de esportes que passava na TV, meu marido sentava-se satisfeito em sua poltrona espaçosa, e Klumpeduns vinha andando, saltava e aconchegava-se confortavelmente no braço da poltrona.

Anos depois, quando meu marido passou a morar em uma casa de repouso, Klumpeduns ficou amuado de saudade, mas toda noite ainda pulava – se não errasse o cálculo – no braço da poltrona, ainda que eu quase nunca assistisse ao programa de esportes.

Certo dia, recebi uma ligação da casa de repouso, avisando que meu marido havia falecido de repente. Eu fora visitá-lo naquela manhã e, embora ele estivesse bastante doente, foi um choque e tanto. Como não seria? Eles também perguntaram se eu poderia ir pegar as roupas e outros pertences dele, pois precisavam liberar o quarto logo.

Chegando lá, precisei resolver muitas burocracias, mas levei de volta para casa tudo que havia no quarto dele. Em casa, coloquei todas as roupas em uma pilha perto da porta, cansada demais para cuidar de tudo aquilo tão rápido. Alguns amigos tinham me convidado para fazer uma visita, e eu precisava de companhia, então fui.

Quando voltei para casa, Klumpeduns tinha se deitado todo esticado e triste em cima da pilha de roupas do meu marido. Caí no choro ao ver aquilo.

Eu tinha passado os últimos anos chorando à medida que meu marido ia ficando cada vez mais distante. Naquela noite, toda essa tristeza culminou na visão de Klumpeduns. De repente, senti-me muito culpada por ter deixado o pobre bichinho sozinho com sua dor. Klumpeduns morreu alguns meses depois.

Não que eu acredite de fato na vida após a morte, mas às vezes me pego pensando que Klumpeduns encontrou um braço de poltrona confortável e seu bom e velho amigo em algum lugar distante.

Por fim: fotografias

Chegamos ao capítulo sobre fotos. Pode ser bem difícil lidar com elas, em muitos aspectos.

Em primeiro lugar, revisitar fotografias pode ser a causa de muita emoção. Tantas lembranças que voltam, momentos que você quer guardar, talvez oferecer aos parentes. Mas é importante pensar que lembranças são perspectivas muito individuais e geralmente o que fica em nossa memória é diferente do que ficou na dos outros.

O que um membro da família considera valioso guardar pode ser completamente desinteressante para outro. Se você tem muitos filhos, jamais acredite que eles vão se comportar ou pensar da mesma maneira. De forma alguma.

Por mais que hoje seja possível armazenar muitas fotos no celular, acredito que a maioria das pessoas ainda prefira vê-las em um álbum. Durante a fase de crescimento, cada filho tinha o próprio álbum; tirávamos muitas fotografias, então sempre ficávamos animados quando um novo negativo era revelado e o pacote de fotos chegava pelo correio. Cada um decidia quais fotos queria e colocava o nome ou uma marca no verso da fotografia para que soubéssemos de quais fazer cópias. Em poucos dias, as fotos chegavam e eram coladas no álbum de cada filho. Esse álbuns existem até hoje.

Por fim: fotografias

Há muitos modelos de álbuns disponíveis. Eu, particularmente, prefiro o estilo fichário, assim mais páginas podem ser acrescentadas com o tempo. Não há nada mais prazeroso do que se sentar na companhia de alguém que também goste de fotos e folhear um álbum. Dá para falar sobre quando esse e aquele evento aconteceram, comparar lembranças, tentar se lembrar de quem bateu a foto. Afinal, o fotógrafo é como o verso da fotografia que você não pode ver.

Uma das minhas noras me contou a respeito de uma menininha na creche onde ela trabalha. Ela queria desenhar o melhor amigo. Quando o desenho ficou pronto, a menininha virou o papel e desenhou as costas do amigo no verso. Que ideia maravilhosa!

Então o que você deve ter em mente quando arrumar suas fotografias?

Em geral, faço uma pré-seleção antes de começar a montagem do álbum. É normal que algumas fotos saiam bem ruins... ou às vezes as pessoas só saíram com uma cara engraçada mesmo.

Também sempre gostei de saber o nome de todo mundo que está na foto. Agora que sou a pessoa mais velha da família, se não sei os nomes, ninguém mais deve saber também. Mais trabalho para o triturador.

Às vezes, no entanto, fico hesitante. Fotos muito antigas podem conter um valor histórico e cultural, ainda que não se saiba o nome das pessoas que nelas aparecem: ver as roupas, os carros e a vida acontecendo em uma rua trinta ou quarenta anos atrás pode ser bem divertido. Talvez eu devesse mostrar algumas delas para meus filhos, ver o que eles acham interessante guardar e se gostariam de herdá-las no futuro.

Meu pai adorava fotografar, e era muito bom nisso. Tirei muitas fotos ao longo dos anos, e três dos meus filhos são fotógrafos bastante talentosos. Por conta disso, o acervo de nossa família é bem grande e sou totalmente responsável por isso. Portanto, cabe a mim fazer a arrumação. A mim e a meu triturador faminto.

Outro problema é que tenho uma quantidade imensa de slides armazenados em cassetes. Um cassete armazena mais de oito slides, e eu tenho muitos deles. Costumávamos ver os slides projetados na parede. Era um belo entretenimento, já que cinquenta anos atrás só tínhamos um canal de TV e eram raros os programas destinados às crianças. Acho que *Scooby Doo* passava apenas uma vez por semana.

Alguns anos atrás, no outono, decidi fazer algo com os slides. Comprei um pequeno scanner de negativos e gastei um bom tempo revendo tudo aquilo. Fotos do nascimento do meu filho mais velho e os vinte e cinco anos seguintes.

Com a ajuda do scanner, passei todas as fotos que queria para o computador e depois salvei em *pendrives*, um para cada filho. É incrível o tanto de espaço que há nesse dispositivo de cinco centímetros. Fiquei feliz de presenteá-los no Natal com isso. Bastou colocar em um envelope e mandar pelo correio.

Tendo vivido uma vida longa, é muito fácil se perder nas memórias. Toma bastante tempo, eu sei. Por isso indico revisitar fotos antigas mais tarde, em paz e com calma, só depois que você tiver feito um bom progresso nas outras categorias de objetos e coisas. Além do mais, fotografias não ocupam muito espaço e certamente seus filhos não ficarão chateados de assumir a tarefa. Talvez até gostem.

Lembro-me de uma vez em que todos os meus filhos adultos, alguns com suas famílias, vieram me visitar para comemorar um aniversário. Eu havia reunido um monte de fotos e as distribuíra em envelopes com os nomes dos meus filhos. Estávamos todos à mesa. A princípio, tudo estava calmo enquanto as pessoas abriam seus envelopes e passavam pelas imagens, mas, depois de um tempo, ouvi comentários do tipo: "Uau! Olha só você! Você viu isso? Lembra disso?" E por aí vai.

Foi bem divertido. Quando todos já tinham visto bastante coisa, todas as fotos separadas estavam reunidas de novo em uma pilha grande e bagunçada. Mas eu as separei mais uma vez e as coloquei nos envelopes para entregar aos meus filhos na visita seguinte. Algumas coisas importantes devem ser guardadas.

O trabalho de arrumação final das fotos que você juntou durante toda uma vida pode ser menos solitário, menos arrebatador e mais divertido se feito em meio a reuniões familiares e em tom leve. Desse modo, você não precisa atravessar sozinho a alta carga emocional dessas memórias e fica menos suscetível a se prender ao passado.

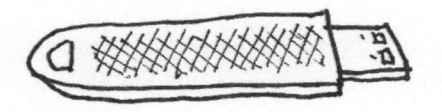

Coisas das quais você não consegue se livrar

Há coisas das quais é difícil, quase impossível, se livrar, mesmo que pareçam inúteis ou sem valor. Por exemplo, quando eu estava prestes a me mudar para o apartamento de dois quartos, descobri que tinha esquecido alguns membros da família. Sentados em seus lugares, eles me encararam com seus olhos vítreos e tristes. Eram nossos bichinhos de pelúcia.

Durante muito tempo, ninguém pensou neles, ainda que, provavelmente, tenham nos dado mais alegria e conforto do que muitos parentes humanos. E eu não tinha mais netos pequenos para presentear.

Um dos meus netos pegou alguns para os meus bisnetos, entre eles Teddyfer (um nome bem estranho, como se fosse um Lúcifer em formato de ursinho), um grande urso-polar que meu marido me deu no Natal quando morávamos em Singapura e com quem eu dançava quando ele não estava em casa. E Ferdinam, um grande hipopótamo azul que tinha uma alça nas costas e uma boina listrada na cabeça. Fiquei feliz porque, assim como eu, aqueles bichinhos estavam indo para um novo lar, mas ao mesmo tempo era triste dizer adeus.

Hoje, na minha sala de estar, encontra-se Dear Bumbal, um coala enorme que meu marido trouxe da Austrália. Acho que ele veio de lá ocupando um assento inteiro no voo, de tão grande. Dear Bumbal fica lá, sentado, parecendo muito satisfeito. Em uma prateleira em meu quarto descansa Old Bear, que é igualzinho ao Ursinho Pooh, embora esteja um pouco surrado e precise usar suéter e meias para manter os enchimentos dentro do corpo. Mas, bem, Old Bear tem oitenta anos. Ouviu os segredos de muitas crianças pequenas e foi um bom companheiro por todas aquelas décadas. De jeito nenhum vou jogá-lo no lixo. Old Bear vai continuar na prateleira com alguns poucos amiguinhos por enquanto.

A Caixa do Descarte

Existem algumas poucas coisas que eu gostaria de guardar apenas para mim. Memórias de eventos que, de outra forma, eu poderia acabar esquecendo: cartas de amor, planejamentos, lembranças de viagens. Reuni todos esses itens pessoais em uma caixa que chamei de "Descarte".

Remexendo em seus papéis, você pode encontrar cartas em que o remetente talvez se refira a você usando termos maravilhosos como "melhor e mais querido amigo", "encantador" ou outras palavras agradáveis que você quer ler outra vez e preferiria usar como papel de parede a jogar fora. Quando me deparo com coisas assim, que não têm valor para mais ninguém exceto para mim, pego minha Caixa do Descarte. Depois que eu tiver partido, ela poderá ser destruída.

Sei que a primeira coisa que meus filhos farão é examinar seu conteúdo. Mas é claro que eles podem optar por não fazer isso. Decidi, de forma consciente, o que os outros podem descartar, mas imagino que algumas dessas cartas, fotos e pequenas coisas encantariam meus parentes se eles decidissem dar uma olhadinha antes de jogar tudo fora.

De fato, é muito difícil fazer a arrumação final. Passo um bom período presa em lembranças das mais diversas. Mas também é prazeroso de certa forma. Sinto certo alívio quando decido que alguma coisinha – uma flor seca, uma pedra com formato engraçado, uma conchinha bonita – deve ir para a Caixa do Descarte. Ela serve para pequenas coisas que são preciosas para mim por me lembrarem dias e acontecimentos especiais.

É muito importante não escolher uma caixa enorme para alocar esses itens! Uma caixa de sapato deve servir.

Correspondência e comunicação

Em nossa família, escrevemos muitas e muitas cartas. Ainda mais por termos morado em muitos países ao longo dos anos, em virtude do trabalho do meu marido em uma multinacional. Minha sogra costumava se queixar: "Meu filho parece um satélite, sempre em movimento, e quase sempre para longe!"

Nossa família se mudou várias vezes para lugares muito distantes da Suécia, então mantínhamos contato com nossos parentes e amigos por meio de cartas. As ligações telefônicas na época eram muito caras e usávamos esse recurso apenas para mensagens urgentes. Depois que cresceram, meus filhos começaram a visitar amigos, viajar em excursões escolares, depois foram estudar em universidades distantes. Eles costumavam mandar cartas ou cartões-postais contando o que estavam fazendo ou quando precisavam de mais dinheiro. Guardei muitos deles.

O Skype e o FaceTime ainda não tinham sido inventados. Manter contato era algo que demandava tempo e esforço, principalmente em países distantes na África ou na Ásia, cujos sistemas de comunicação ainda eram muito precários na época. Mas tínhamos que nos dar por satisfeitos. As cartas eram levadas de avião; não dependiam de barcos ou mensageiros a cavalo.

Na verdade nem sei se meus netos sabem escrever. Quer dizer, com caneta e papel. Ninguém mais parece fazer isso hoje em dia. Sei que desenham bem, mas, considerando a quantidade de cartas que recebi nos últimos anos, não estou convencida de que eles saibam escrever ou se os presentes que enviei chegaram. Por isso o Facebook é uma ferramenta tão boa: por ele, fico sabendo que o presente foi entregue e talvez até tenham gostado.

Quando meus filhos eram mais novos, eu os fazia escrever bilhetes de agradecimento. Considerando o trabalho de quem comprou e mandou o presente e a alegria de recebê-los, todos nós achávamos que valia o esforço.

Quando uma criança precisa mudar de país antes de ser alfabetizada em sua língua materna, escrever pode se tornar uma tarefa complicada. Nossa caçula queria escrever para os amigos na Suécia, assim como os irmãos mais velhos faziam. Ela se esforçou muito, e eu ouvia como ela suspirava. De repente, ela disse: "Mamãe, por favor, escreva para eles e diga que eu morri." Ela tinha apenas seis anos na época, mas talvez já soubesse que morrer é uma boa maneira de se livrar das responsabilidades.

Muito tempo depois, fomos a Malta, e um dos meus netos passou bastante tempo conversando com seus amigos escandinavos pelo computador. Por horas! E eles jogaram juntos. E riram! Será que ele fazia ideia de como seus pais desejaram esse tipo de contato quarenta anos antes?

É claro que, para minha sogra, foi terrível quando seu único filho levou a família toda para outro país, tão distante que uma visita no fim de semana estava fora de cogitação.

Então, uma vez por semana, eu escrevia para ela, contando sobre nossa vida e, em especial, o que os netos estavam aprontando. Ela guardou todas essas cartas em uma bolsa azul de plástico e me devolveu quando voltei para casa. Um diário da família! A existência dessa bolsa me deixa tão feliz. De modo algum vou jogá-la fora. Em vez disso, se tiver tempo, vou fazer cinco cópias de cada carta e dá-las para cada um dos meus cinco filhos.

Caso eu não tenha tempo de fazer todas essas cópias, anotei em cada envelope o que ele contém e para quem é. Patinar na piscina do vizinho, construir uma casa de brinquedo com um contêiner de madeira ou montar uma casa de boneca com uma imensa caixa de papelão, dar festas, fazer decorações de Natal são alguns exemplos.

Coisas escritas

Guardei cartões, convites e cartas bem antigos. Alguns têm mais de duzentos anos. São artigos muito bonitos, escritos com muito cuidado, provavelmente com caneta-tinteiro. Ou talvez com caneta de pena de ganso – acho que é chamada de pluma. Muitos são escritos em um papel bem fino, agora amarelado pelo tempo. Obras de arte, de fato.

Quando entrei na escola, escrever com clareza e capricho era muito importante. Hoje, não são muitas as pessoas que escrevem diários ou cartas à mão. Se o fazem, a escrita é de difícil leitura, em especial para aqueles que nunca sentiram como a caneta se move na mão quando uma carta é escrita.

Tínhamos aula de caligrafia na escola. A maioria de nós achava muito entediante. Ficávamos aborrecidos quando o professor nos mandava escrever com canetas-tinteiro, que precisávamos molhar na tinta o tempo todo. Certa vez, irritados, colocamos água em todos os potinhos de tinta. Posso dizer que dificultou bastante a leitura de nossos escritos!

Não tenho muitos problemas ao ler a caligrafia das outras pessoas, mas os jovens consideram quase impossível decifrar o estilo de escrita dos outros. Talvez por isso considerem tão difícil escrever uma resposta em uma carta. É evidente que é muito mais fácil sentar-se na frente do computador e sair digitando qualquer coisa. É rápido e não precisa de envelope ou postagem. E você nem precisa andar até a caixa de correio. Mas ainda acho que receber um cartão-postal é sinônimo de felicidade!

Uma jovem equipe de produtores de cinema, incluindo minha filha, está fazendo um documentário sobre o grande artista sueco e diretor de filmes Ingmar Bergman. Eles passaram um aperto lendo seus diários e manuscritos em um estilo de quase um século atrás, e me chamaram para ajudar. Para mim, também não foi muito fácil decifrar, mas pelo menos não foi um pesadelo. Por acaso, descobri que Bergman pensava na morte o tempo todo, como fica evidente em alguns de seus filmes, mas não se incomodou em fazer qualquer arrumação final. Mas talvez não seja muito bom fazer a arrumação final em determinadas situações. Afinal, isso nos permitiu ter acesso a um acervo imenso de Bergman em Estocolmo.

Não guardo mais os poucos e raros cartões e cartas que recebo. Assim que respondo e agradeço aos remetentes, eles desaparecem no meu triturador de papel. O cartão precisa ser muito divertido ou bonito para ser considerado exceção; nesses casos, fica colado na porta da cozinha ou guardado na Caixa do Descarte para futura apreciação.

Meu caderninho preto

Às vezes, fico imaginando se a próxima geração terá a oportunidade de ler pequenos bilhetinhos fofos e interessantes de parentes e amigos acumulados com o passar dos anos.

Sei que há muitas maneiras de salvar tudo o que você deseja guardar no computador. Mas alguns amigos e amigas não têm acesso à internet. Eles não têm computador nem iPad, nem mesmo um celular, e não fizeram nada para mudar esse quadro, o que, a meu ver, não é nada prático. Eles dizem que se viram bem sem essas modernidades. Pode até ser, mas também estão se privando de diversas informações importantes que poderiam tornar seus dias mais fáceis e interessantes. Às vezes, tenho a sensação de que vivo em um mundo diferente para alguns dos meus amigos.

Não sei como eu ficaria sem a internet. Pelo menos uma vez ao dia, leio e respondo tudo que há na minha caixa de entrada. Pode ser uma simples pergunta, um convite ou uma correspondência regular e, é claro, sempre há uma ou outra propaganda para excluir. A internet me permite encontrar um endereço ou um número de telefone, pagar minhas contas, comprar ingressos para um filme ou passagens de trem e avião.

E se não pude assistir a algum programa de TV, posso vê-lo no computador quando for mais conveniente. Dá para comprar quase tudo on-line. Sem contar o acesso a dicionários, receitas e muito mais!

A tecnologia avança tão rápido que às vezes é difícil acompanhar, em especial para nós, mais velhos. Não só por sermos mais lentos, mas também por esquecermos coisas com mais rapidez e precisarmos ouvir e aprender tudo de novo. É óbvio que isso é muito irritante e cansativo. Temos que fazer muitas anotações. Aliás, esse é um aspecto extremamente importante para quem usa o computador. Para acessar determinados sites, às vezes é necessário ter uma senha. Com o tempo, a quantidade de senhas só aumenta. São tantas para lembrar que é difícil até para os mais jovens.

Tenho um caderninho preto com contracapa vermelha. Nele, mantenho todas as minhas senhas anotadas. E, quando minha hora chegar, ninguém da família terá dificuldades para encontrar o que quer que seja.

É ótimo a internet ter facilitado a comunicação, mas, por um lado, acho lamentável que tantas palavras e pensamentos se desvaneçam no ar. Quem salva mensagens de texto em um celular antigo? Quantos desses você guarda para preservar algumas das suas mensagens mais valiosas? E todos os carregadores para todos esses celulares se quiser ler uma mensagem? Impossível. Todos os *gadgets* que em determinado momento estão em alta no seguinte estarão obsoletos.

Tentei acompanhar o ritmo do tempo e também me livrar de coisas antigas. Joguei fora todas as fitas-cartucho da década de 1970. Fiz o mesmo com as fitas de vídeo: digitalizei os filmes e joguei fora as mídias físicas. Um genro que coleciona vinis escolheu alguns que queria, e descartei o restante. É evidente que isso também aconteceu com os gravadores e as vitrolas.

Enquanto uma bela torradeira *art déco* da década de 1920 pode ser agradável aos olhos, acho que pouquíssimos dos nossos *gadgets* – carregadores, roteadores e afins – serão admirados no futuro.

*A arrumação final é tanto (ou mais!)
para você quanto para as pessoas
que vêm depois*

Já deixei bem claro que a arrumação final é algo que você deve fazer para que seus filhos e outros entes queridos não precisem lidar com todos os seus pertences. Embora eu ache esse motivo muito importante, há mais a ser dito.

A arrumação final também é algo que fazemos por nós mesmos, por satisfação própria. E se começar cedo, aos sessenta e cinco anos, digamos, não será uma tarefa gigantesca quando você, assim como eu, estiver entre os oitenta e os cem.

A satisfação pessoal e a chance de reencontrar significados e lembranças são o mais importante. Revisitar pertences e recordar o valor que têm traz alegria. E, se você não lembra qual o significado de algo ou por que o mantém, então a coisa em si não tem valor algum e será fácil se desfazer dela.

Nos últimos tempos, conheci muitas pessoas relativamente jovens sem filhos. Talvez elas pensem: "Bem, eu não tenho filhos, então não preciso fazer a arrumação final." Errado. Se você não fizer, alguém vai ter que fazer isso por você e, quem quer que seja, vai considerar um fardo.

Nosso planeta é bem pequeno e flutua em um universo infinito. Temo que, mais cedo ou mais tarde, ele pereça sob o peso do nosso consumismo. Se você não tem filhos, ainda assim deve fazer a arrumação final, tanto pela satisfação que pode sentir quanto pelo bem das gerações seguintes. Reciclagem e doação são medidas que podem ajudar o planeta, além de oferecer coisas a pessoas que talvez precisem delas.

Uma das minhas filhas possui uma vasta coleção de livros. Ela (agora com cinquenta anos, sem filhos) está desesperada em busca de uma pessoa mais jovem que goste de ler para que possa doar alguns exemplares. Sua coleção é maravilhosa. Minha filha sempre foi uma leitora ávida, e muitos dos meus livros e dos livros dos meus sogros foram parar na biblioteca dela.

A maioria das pessoas, se procurar com afinco, encontrará alguém a quem doar seus pertences. Se você não tem filhos, deve ter irmãos e sobrinhos. Ou amigos, colegas de trabalho e vizinhos que talvez fiquem felizes em herdá-los.

Se não conseguir encontrar ninguém para quem possa entregar suas coisas, venda-as e faça uma doação para caridade. Sem a arrumação final, sem demonstrar às pessoas o que você considera valioso, um grande caminhão levará todos os seus maravilhosos pertences quando você morrer. Seja para a casa de leilão (na melhor das hipóteses) ou para o lixão. Ninguém ficará feliz com isso... bem, talvez a casa de leilão.

Por isso, se você não tem filhos, ainda assim tem a obrigação de deixar a vida em ordem. Revisite itens, suas memórias, e depois doe tudo. Sempre há uma pessoa mais jovem começando uma vida nova, uma casa nova, com vontade de ler tudo escrito por W. Somerset Maugham (admito que esse é um caso raro), por exemplo. Não é necessário que a pessoa seja seu parente para ficar com seus potes e panelas, as cadeiras do sótão ou um velho tapete. Quando esses jovens puderem comprar exatamente o que querem, vão passar adiante seus móveis antigos para os amigos e então para os amigos dos amigos, e assim por diante. Você não tem como saber onde os objetos vão parar depois de sua partida, o que, a meu ver, é maravilhoso.

Se entregar uma velha escrivaninha a uma pessoa mais jovem, crie uma história a respeito dela – sem mentir, é claro. Conte que cartas foram escritas nela, quais documentos foram assinados, que pensamentos foram considerados ao redor dela. A história vai crescer à medida que for transmitida de geração em geração. É assim que uma escrivaninha comum se torna extraordinária com o passar do tempo.

Tenho uma amiga que herdou uma escrivaninha de um amigo que estava indo embora de Estocolmo. Era da virada do século XVIII. Olhamos para ela agora. Sentamos diante dela para escrever, sempre imaginando o que aconteceu com ela antes de chegar até nós. Quem sentou-se à mesa e escreveu nela há centenas de anos? O que estavam escrevendo? Por que escreviam? E para quem? Cartas de amor? Acordos comerciais? Uma confissão?

É uma bela escrivaninha; todos nós gostamos dela. Mas, para além da beleza, ela vem sendo usada há trezentos anos. Queria que cada um que escreveu algo nela tivesse deixado uma recordação. Minha amiga escreveu um pequeno bilhete e guardou na escrivaninha. Ela vai vendê-la em breve. Espero que a tradição se perpetue.

A história da vida de alguém

A arrumação final sem dúvida não é apenas sobre coisas. Se fosse, não seria tão difícil.

Embora nossos pertences possam trazer muitas lembranças à tona, é muito mais difícil com fotografias e palavras escritas.

Cartas e fotos são puro sentimento! Revisitar cartas toma bastante tempo – você ficará preso em recordações e talvez sonhe com uma volta aos velhos tempos. Pode ser reconfortante lembrar-se de situações felizes, mas também pode deixá-lo triste e até um pouco deprimido.

Ri e chorei ao reler minhas cartas antigas. Às vezes, me arrependia de ter mantido algumas. Havia coisas de que tinha esquecido, e tudo acabou voltando numa enxurrada. Mais uma vez! Mas, se quer ver o todo de sua história e sua vida, até mesmo as coisas menos divertidas precisam aparecer.

Quanto mais eu focava na arrumação, mais coragem ganhava. Muitas vezes me pergunto: será que alguém que conheço vai se sentir mais feliz se eu guardar isso? Se depois de um momento de reflexão eu conseguir responder "não" com sinceridade, então lá se vai pelo caminho faminto do triturador de papéis, sempre à espera de mais papel a ser devorado. Mas, antes dessa etapa, tive um momento para pensar sobre o evento ou o sentimento, bom ou ruim, e saber que aquilo fez parte da minha história e da minha vida.

Depois da vida

Tenho dificuldade de entender por que a maioria das pessoas considera tão complicado falar sobre a morte. É o único evento absolutamente inevitável que nos iguala no futuro.

Como gostaríamos de organizar as coisas se ficássemos doentes e como queremos que nossas lembranças sejam tratadas depois que morrermos são decisões que podemos tomar se dominarmos as rédeas desses eventos inevitáveis. Sei muito bem que às vezes precisamos de ajuda profissional para seguir em frente. Talvez de um advogado, para elaborar um testamento. Mas não estou apta a dar conselhos sobre a lei – sou apenas uma pessoa que faz a arrumação final.

Há tantas opções no que diz respeito a como pensar e se preparar para nossa própria partida desta vida. Nenhuma escolha é errada. Alguns desejam ser cremados e ter suas cinzas jogadas ao mar; outros querem ser enterrados em um caixão. E é claro que há muito mais para se pensar sobre a morte e os enterros. Para poupar seus parentes e outras pessoas de todas essas decisões difíceis, você pode decidir tudo por si mesmo enquanto está vivo. Converse com um amigo íntimo sobre seus desejos ou deixe-os escritos. Só tente ser prático!

Depois da vida

    Neste livro, meu intuito era que você se sentisse bem ao pensar em todas as horas preciosas que seus familiares pouparão se não tiverem que cuidar das coisas que você deixou. Vou me sentir muito satisfeita e feliz quando tiver realizado a maior parte desse trabalho. Talvez eu ainda consiga viajar ou comprar flores para mim e convidar alguns amigos para um bom jantar a fim de celebrar o trabalho concluído. E, se eu não morrer, é provável que vá às compras. De novo!

Agradecimentos

Quero agradecer a Stephen Morrison por me inspirar a escrever este livro e me dar muitos bons conselhos durante a jornada.

Também sou grata a meus editores Nan Graham e Kara Watson, na Scribner; Jamie Byng, Jenny Todd e Hannah Knowles, na Canongate; e Henry Rosenbloom, na Scribe, por suas contribuições atenciosas que fizeram meu livro ficar muito melhor. Também quero agradecer a Susanna Lea por seu trabalho árduo e um almoço maravilhoso em Estocolmo e à sua equipe incrível, Laura, Mark, Cece, Kerry e Lauren, que tornaram a jornada muito mais agradável e tranquila.

Por fim, gostaria de agradecer à minha filha Jane e seu marido, Jars. Sem eles, este livro nunca teria existido.

Sobre a autora

Pediram que eu escrevesse minha biografia! Será que tenho uma?
 Sei que nasci em Gotemburgo, na Suécia, numa noite de Ano-Novo. Foi um bom *timing*! Quando criança, eu achava que era por minha causa que os sinos de todas as igrejas tocavam, todos os barcos no porto soavam suas sirenes e os fogos pipocavam e faiscavam no céu.
 Meus pais me amavam, mesmo quando eu dava trabalho. Meu pai era médico; minha mãe era dona de casa – na época, era bem comum que as mulheres organizassem a vida doméstica, ainda que ela tenha estudado enfermagem.
 Aos sete anos, passei a frequentar uma escola não religiosa mista. Depois que me formei no ensino médio, ingressei na Beckman's College of Design, em Estocolmo. Quando concluí meus estudos lá, ficou fácil encontrar um emprego, pois a instituição era bem-vista, mas para mim foi difícil escolher o que eu queria fazer. Arrumei um trabalho como designer de moda e propaganda em uma grande loja de departamento que vendia de tudo, menos comida e produtos de papelaria.
 Quando comecei a ter filhos, passei a trabalhar em casa, entregando desenhos enquanto carregava os bebês em seu bebê

conforto. Também pintava muito a óleo, aquarela e tinta. Minha primeira exposição solo foi em Gotemburgo, em 1979. Mais tarde, expus em Estocolmo, Singapura e Hong Kong, além de muitos outros lugares na Suécia. Quando um quadro em uma galeria é vendido, o costume é colar na parede ao lado um adesivo redondo e vermelho. A certa altura dessas exposições, vendi tantos quadros que costumávamos brincar dizendo que a galeria estava com sarampo. Fui muito realizada em minha carreira artística e ainda gosto de pintar e desenhar. Acho que vou manter meus pincéis, papéis e tintas até o fim.

Eu já me diverti muito, mas agora que tenho entre oitenta e cem anos estou ficando um pouco cansada e quero diminuir o ritmo. Juntei muitas coisas ao longo dos anos e me encho de alegria ao revisitá-las. Analisar tudo às vezes é triste também, mas não quero causar problemas para meus filhos amados e suas famílias depois que eu tiver partido. É por isso que quero falar sobre a arrumação final para todos que puder, e o quão maravilhoso e desafiador isso pode ser!

1ª edição	JULHO DE 2023
impressão	BARTIRA
papel de miolo	PÓLEN NATURAL 80G/M²
papel de capa	CARTÃO SUPREMO ALTA ALVURA 250G/M²
tipografia	ADOBE GARAMOND